3歳児のあそび 巻頭カラー

子どもが育つ！
あそびのキーワード7

子どもの興味・関心、好奇心からあそびは始まり、そしてどんどん膨らみます。その過程で疑問をもったり、考えたり、様々な人と関わりながら深く学んでいきます。ここでは、あそびの中の子どもの育ちを見るにあたって押さえておきたい7つのキーワードとともに事例を紹介します。

キーワード

1 探究心・好奇心から学んで

子どもたちは、興味をもったものに主体的に関わり、
探究心、好奇心をもって深めていきます。
そしてその過程の中に深い学びがあります。
うまくいったり、いかなかったり、いかなかったらどうしたらいいかまた考えて、
そんな試行錯誤の中で子どもは育っていきます。

ジュース作りに挑戦！

色水あそびから、試行錯誤しながら本物のジュース作りに発展した事例を紹介します。

(神奈川県・RISSHO KID'S きらり)

あそびの始まり

戸外で色水を作って楽しんでいる姿と、散歩中にジュース屋さんの前を通り掛かると興味をもって見ている姿がありました。そこで、絵の具を使い色水作りをし、それをジュースに見立てて遊び始めたのがきっかけです。

絵の具を水に溶かして
ジュースに見立てて遊ぶ

なんの
ジュースかなあ？

子どもが育つ！あそびのキーワード 7
1 探究心・好奇心から学んで

本物のジュースが作りたい

絵の具でジュースを作って楽しんでいると、本物のジュース作りに興味をもち始めたため、子どもたちと相談して、ジューサーを使ってイチゴジュースを作ることにしました。
次に子どもたちから「バナナもジュースにしてみたい」という声があがり、バナナもジューサーで潰してみると、水分が出ず、「穴の中からにゅ〜って出てきた」「麺みたい」とバナナの特性に気が付きながらも、その不思議さを楽しんでいました。
また、家庭からメロンを持ってきてくれた子がいたので、メロンジュース作りも行なうと、今まで搾った中でいちばん果汁が出てきました。

輪切りにして…
バナナはしぼりにくい！
にゅ〜ってでてきた！
めんみたい！

イチゴジュースはこのくらい

メロンがいちばんいっぱいでてきた！

保育者から

このあそびの中では、子どもたちは「搾る」ことにおもしろさを感じていると考えたため、まず搾ることが楽しめるジューサーを用意しました。
イチゴ・バナナ・メロンと様々な果物をジューサーで搾ったことで、3つの果物を比較することができ、水分の多い物、少ない物があるという気付きにつながりました。ジューサーを使用したことで得られた気付きであったので、子どもたちの気付きや学びにつながるような道具を用意し、適切なタイミングで使っていくことが大切だと感じました。

手で搾って…

ジューサーで…

ミキサーを使いたい

ジューサーでのジュース作りにおもしろさを感じている子がいる一方で、ジューサーではたくさん量が作れないということに気付き始める子どもが出てきました。

そこで次のジュース作りではミキサーを使用し、ブドウジュース作りを行ないました。手で搾って作る子、ジューサーで作る子、ミキサーで作る子の3つのグループに分かれ、自分の作りたい方法を選択して作るようにしました。

ミキサーでジュースを作ったグループは、ブドウの皮ありと皮なしの両方を試し、皮ありは紫色で、皮なしは黄緑色になるという発見をします。

ジューサーを使ったグループは、少ししか果汁が出ず、手で搾ったグループは、果汁は出たが果肉が残ってしまうという結果になりました。

「かわのままブドウをミキサーに」

皮をむいてミキサーに

紫と黄緑に！

保育者から

同じジュース作りの中でも個々の目的や思いを満たしていくことが大切です。また、様々な視点でジュース作りに関わる子どもの姿があることで、あそび自体に広がりが生まれていきます。

最初からミキサーでジュースを作るのではなく、子どもたちがジューサーでは「たくさんジュースを作りたい」を達成できないと感じたときに、ミキサーを使うことを検討しました。

子どもが育つ！あそびのキーワード 7
1 探究心・好奇心から学んで

ジャガイモで
ジュースを作りたい

ゆでたジャガイモをミキサーに入れて

まわらない！

まずい…

保護者の方からジャガイモを頂き、ジャガイモを見た子どもたちからジュースにしたいという声が出たのでジャガイモもジュースにしてみることにしました。
ミキサーとジューサーのチームに分かれて行なうと、ミキサーチームはジャガイモをゆでてからミキサーにかけますが、ミキサーが回らずに苦戦します。「氷を入れてみよう」「次は水を入れよう」と子どもたちの提案を試してみると、ジャガイモジュースが完成しました。見た目はバナナジュースのようだったので、「おいしそう」と飲んでみましたが味はまずく、ジャガイモはジュースの食材として適していないということを知りました。
ジューサーチームは、最初にそのままの状態でジューサーに入れましたが、搾ることができず「皮をむいてみよう」や「ジューサーの中に水を入れよう」「ジャガイモを小さく切ろう」と様々な方法で試行錯誤します。しかし、ジュースになることはなく、ジューサーではジャガイモをジュースにすることはできませんでした。

かわをむいてみよう

ジューサーに
みずをいれよう

ちいさくきってみよう

保育者から

ジャガイモでジュースを作ってみたいという子どもたちの思いを大切にしていくことで、子どもたちが自分でジュースに向き不向きの食材があるということに気付いていけるようにします。
ジューサーを使う際にも、ジャガイモのまま搾ろうとする子どもたちの姿を認め、試す姿を見守ることで、「皮をむいてみよう」「水を入れてみよう」「切ってみよう」と、試行錯誤する姿につながっていきます。子どもたちの中にある考えを引き出し、それをあそびの中に反映させていくことが大切だと感じました。

ちいさくきっても
しぼれないっ！

キーワード

2 自然を感じて遊び、学ぶ

子どもたちの周りには、都会だろうと、
地方だろうとたくさんの自然に囲まれています。
たくさんの自然があっても、関わりがなければ感じることはできません。
反対に少ない自然環境であっても、そこに気付く心があれば、
豊かな自然体験ができるのです。

風を感じて遊ぶ

何気ない子どもの発見、気付きをあそびに取り入れ、普段目に見えない風を可視化して遊んだ事例です。

（東京都・野のゆり保育園）

あそびの始まり

ままごとコーナーに置いてある、子どもたちが大好きなシフォン地の布。柔らかく軽い質感、透け具合も美しく、様々な物に見立てられる人気の素材です。そんなある日、ままごとで顔にシフォンハンカチをかぶせて横になっている男の子が、ふと、ふーっと息を吹いたとき、ハンカチがふわふわっと浮いて落ちてきて…。息を吹く、ひらひらする、顔にかかる、「キャッ！」と声をあげる。これを繰り返し、盛り上がり始めました。

すけてみえる！

子どもが育つ！ あそびのキーワード**7**
2 自然を感じて遊び、学ぶ

シフォンハンカチを舞わせる

息を吹く。ひらひらと舞う。その様子を、周りの子もおもしろがり始めました。「私もやるー！」と一緒にやり始めます。そのうち、ままごとコーナーを飛び出し、床で、イスの上で、息を吹いたり、ハンカチを上に投げたり。ひらひらと舞わせて、ハンカチキャッチで盛り上がりました。

ふーっ!

それっ!

とるのが
むずかしい!

 保育者から

すぐに落下せず、ひらひらと舞うハンカチ。これを楽しむ子どもたちを見て、素材の特性だけでなく、空気や風を感じるきっかけになると感じました。
子どもたちの遊ぶ様子を見ていると、どうやったらきれいに舞うかなと試しているようにも見えます。広い場所や、イスの上など、少し高い場所からやってみることを何気なく提案して、あそびとして続けられるよう関わりました。

風船を作って遊ぶ

息を吹く、舞う、ということをより楽しめるように、傘袋で風船作りをしてみることにしました。丸シールを貼ったり、絵を描いたりして作る姿がありました。膨らませることを楽しむ子、膨らませた物を使って、投げたり、キャッチしたりを楽しむ子など、あそびとして更に盛り上がりました。

丸シールを貼って飾り付け

穴を開けた紙コップにストローを差して、手作り風船を入れて吹くと…

ふくらんだ！

保育者から

風を感じて遊ぶことを意図して、きっかけを作りました。既成の風船は、その特性を既に分かっていると思ったので、あえて使わず、身の回りにある物を使って遊ぶことにしました。

つるした輪っかに入れて遊ぶ

子どもが育つ！ **あそびのキーワード7**
2 自然を感じて遊び、学ぶ

走って風を捕まえる

外で風を感じながら遊ぶ機会を作りたいと考えました。風を感じられるようにと大きなポリ袋を外に持っていき、それを持って走り風を捕まえる機会を設けました。その後で、持って走ると風に舞いそうな物をいろいろと作って楽しみました。走った後は、子どもたちが見やすい場所につるして、しぜんに風で舞う様子を楽しめるようにしました。

 保育者から

どんな素材を使うかは、子どもたちと相談しながら用意していきます。「これはひらひらするかな」など、何気ない会話でも、子どもが考えたり、意識したりするきっかけをもつことを心掛けます。
また、外につるした物が舞う姿を、一緒に意識して見る機会ももちました。普段目には見えない風を、自分が作った物で可視化し、感じられるきっかけになりました。

カラーセロハンやビニールテープを貼ったポリ袋を外につるす

キーワード

3 興味が出発になってあそびが始まる

何気ない一言や発見など子どもの興味・関心があそびの出発点になります。
そのことに周りの友達や保育者が反応し、一緒に調べたり、考えたり、
とにかくやってみたりすることで試行錯誤が始まり、遊び込むようになります。
出発点となる子どもの興味・関心を広げるための工夫や環境構成もとても大切です。

バスを追い掛け、待ち焦がれて

乗り物が好きな男の子たちは、保育室でよくイスを並べてバスごっこをしていました。
ある日、園庭の柵越しにバス停を発見!!　バスが停まることを知った子どもたちは、
バスが来るのを楽しみに待つように。毎日のようにバスを見に行く子どもたち。
するといろんなことに気付くようになっていきました。

「はっしゃいたします」

(東京都・白梅学園大学附属白梅幼稚園)

あそびの始まり

もともと乗り物好きだったAくんとBくんは1学期からよく保育室でも、イスを並べてバスごっこや電車ごっこを楽しんでいました。3学期になるとAくんは運転手になり切って遊ぶことが多くなり「ここが入り口でこっちが出口なんだよ」「カードをピッてする所があるんだよ」、そう言いながら自分なりにバスを作りだしていました。

子どもが育つ！あそびのキーワード7
3 興味が出発になってあそびが始まる

バスとの出会い

園庭で子どもたちのお気に入りの場所（柵越しに道路が見える場所）で遊んでいると、すぐ目の前にプシューとバスが停まったのです！「うわぁ、バスだ！！」「ここにバス停が変わったんだよ」「バスは時間になったら来るんだよ」と、乗り物好きなAくんとBくんを含めた男の子たちは大興奮！

保育者から

バス停が以前はもう少し手前にあったのですが、工事の影響で園庭の前に運よく移動してきてくれました。バス停にバスが停まる瞬間を見られたことで、子どもたちの目が輝き、そこから探求が始まったのです。

> あっ バスがきた！

> なにいきだろう？

時刻表って知ってる？

大興奮していた子どもたちに「あのバス停って何が書いてあるのか知ってる？」と聞いてみると、乗り物好きな子どもたちはすぐに「知ってるよ！」「何行きって書いてあるんだよ！」「時刻表があるんだよ」。そう言うので「時刻表って知ってるの？」と聞いてみました。すると「うん！何時にバスが来るか書いてあるんだよ」。乗り物好きなAくんは時刻表の意味まで知っていたのです。

> つぎのバスは なんじにくるかなあ

プシューっておとがした

9時14分にバスが来る！！

次の日もバスの時刻表を印刷した物を用意しておくと、「あ！ これで何時に来るか分かるやつだ！」「何時に来るって書いてある？」と時刻表を持って走り、バス停の所までバスを見に行きました。バスが到着すると、「あ！ 今プシューって音がした」「キンローンって音がする」と耳を澄ます子どもたち。クラスのみんなでバスが来るのを、ドキドキしながら待っていました。

保育者から

時刻表のことを知っているAくんがいたので、興味をもつかなと思い印刷しておくと、それを持ってバスを見に行くことに！ 時間が分からないので、時刻表と別に時計でその時間が分かるように保育者が書いておき、目で見てその時間を知れるようにしておきました。持ち運べるように小さな卓上時計も用意したことで、子どもたちが自分で時計を見たり時刻表を見たりするようになったのです。

時計で時間を確認

いろいろなことに気付く！

時刻表を用意するとそれから毎日のようにバスを見に行くことになりました。とにかく待っているとバスが自分たちの前に来ることが楽しい子どもたち。何度も見ていることで、「あ！ 今のは〇〇行きだった」「運転手さん手袋してる」「お客さんが3人いる！」「人がいっぱいでぎゅーぎゅーだから遅れてるのかな？」といろいろなことに気付いたり、考えたりするようになっていったのです。

バスまだかなあ

保育者から

何度も見ているといろいろなことに気付くようになった子どもたち。気付いたことを保育者が丁寧に受け止め、紙に書いて子どもたちが目で見て分かるようにしていきました。そうすることで、毎日見に行く子どもたちはもちろん、クラスの子どもたちもそれを見て共有するようになりました。

子どもが育つ！あそびのキーワード**7**
3 興味が出発になってあそびが始まる

段ボール板を切り抜いて窓を作り、バスのフロントに。黒い紙袋を切って丸めて作ったワイパーを取り付けて

バス作りたい！

それから、男の子たちは毎日の日課のように時刻表を確認し、バスを見に行くようになりました。「もうすぐバス来るよ」と言う言葉がクラスの合言葉のようになっていきました。このことがきっかけになり、AくんとBくんは「バス作りたい！！！」と、バス作りが始まったのです。

> 保育者から

AくんとBくんは、互いに影響を受け合いながら、それぞれバスを作り出しました。「〇〇行きって書いてある看板付けたい」「ドアは横に2つ付ける！」。毎日のように見ていたことでいろいろな気付きがうまれ、「こうしたい」という思いを強くもって作り出そうとする姿が見られるようになったのです。保育者はその思いを受け止め、それぞれのイメージを実現できるように関わっていきました。

それぞれの楽しみ方

バス停に来るお客さんたちと話すのを楽しむ子など、いろいろな楽しみがでてきました。ジュース屋さんごっこをしている子たちも「バスの所でやろう！」と作って持って行く姿が見られるようになったのです。そして、AくんとBくんが作ったバスにもお客さんとして乗ったり、運転手になったり、バスはクラスの子どもたちにとって大きな存在となっていきました。

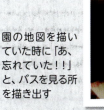

園の地図を描いていた時に「あ、忘れていた！！」と、バスを見る所を描き出す

> 保育者から

同じ空間で、同じ物を見て楽しんだ子どもたち。そこにはそれぞれの楽しみどころがあり、様々な形で楽しんでいったのはとてもおもしろい姿でした。

キーワード

4 イメージの世界で遊ぶ

子どもたちがごっこあそびやままごとなどイメージの世界で遊ぶことは
とても大切なことです。空想したり、想像したりすることは、
その後、人の気持ちを考えて、想像して行動することにもつながっていくはずです。
また憧れの気持ちをかなえるために、見たり、調べたりして
自分なりにイメージの世界でなり切ることも多く、
その中でたくさんの学びの機会と出会います。

なり切る！ 救急隊ごっこ

かっこいい消防士が大好きな子どもたち。園庭のアスレチックで訓練をしたり、ぬいぐるみを救出したり、救急隊になり切ることを楽しんでいました。子どもたちのアイディアから消防車作りや、病院ごっこなどいろいろなあそびへと発展していった様子を紹介します。

ひをけすぞっ！

（神奈川県・宮前幼稚園）

消防士になり切って

あそびの始まり

消防士に憧れているＳくん。水が出る消防車のホースを作り、火を消したり、火事が起きていないかパトロールをしたりして楽しんでいました。そんなＳくんの姿に刺激を受けた友達が集まり、消防士になり切る救急隊ごっこが始まりました。

子どもが育つ！ **あそびのキーワード7**
4 イメージの世界で遊ぶ

救急隊の訓練

救急隊の仲間が増えたことで、園庭の登り棒を勢いよく滑り下りて出動の訓練をしたり、赤ちゃんのぬいぐるみのベッドを担架に見立てて救出したり、あそびの内容も活動場所も広がっていきます。

よいしょ、よいしょ

保育者から

1人の子のあそびをきっかけに、クラスの子どもたち数人が興味をもって一緒に遊ぶ姿がありました。保育者も救急隊の一員として、子どもたちとともに訓練を行ない、楽しさを共感することを大切に関わりました。

この段ボール、消防車にしたい！

園の教材庫で大きな段ボール箱を発見しました。すると、「これ、消防車にしようよ！」と声があがり、消防車作りが始まりました。「消防車は大きいよ！」「真っ赤だよね！」と子ども同士で話しながら、大きい段ボール箱に絵の具で真っ赤に色を塗っていきました。

まっかだよね！

保育者から

「消防車って何色？」「どうやって赤色にしようか？」と、子どもたちに問い掛け、子どものアイディアに対して方法を提案するなど対話することを大切にしました。"大きな段ボールに絵の具で塗る"という経験がよりダイナミックになるよう、幅の広いはけを使って色を塗る方法を提案しました。新たな道具との出会いとなりました。

消防車には○○が必要!

消防車に屋根がないことに気付いた子どもたち。「これじゃ雨が入ってくるよ!」と言いながら、クラフトテープを使って段ボール板をつなげていき、屋根を作りました。消防車作りが進む中で、「運転するためのハンドルが必要!」「イスもないと!」「タイヤがないと走れないよ!」「ポンプもないと!」と子どもたちからアイディアがどんどん出てきました。

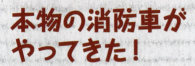 保育者から

子どもたちの気付きやアイディアを保育者が周りの友達に広げていくことを意識しました。そうすることによって、ハンドル作りに興味をもったり、タイヤの作り方を一緒に考えたり、これまで興味を示していなかった子たちもあそびに加わり、救急隊の輪が広がっていきました。

おおーほんものだ!

本物の消防車がやってきた!

防災訓練の日、本物の消防車が園にやってきました。消防車作りの真ったださ中にやってきた消防車。子どもたちは大興奮でした。本物の消防車を間近で見たり、スイッチを触らせてもらったり、目を輝かせていました。憧れの消防士さんにも質問をすることができ、これまでよりも一層救急隊への思いが強くなりました。

子どもが育つ！ あそびのキーワード**7**
4 イメージの世界で遊ぶ

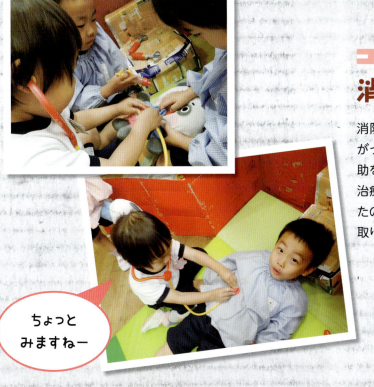

ちょっと
みますねー

消防車、完成！

消防車が完成すると、消防車の中でのあそびが広がっていきます。ぬいぐるみをけが人に見立て、救助をする子、医者になって聴診器や注射器を使って治療する子など。初めは、ぬいぐるみが患者役だったのが、次第に子ども同士で役割を替えながらやり取りすることを楽しむ姿が見られました。

おうちごっこ
たのしいよ！

おうちごっこへ

消防車の中にままごとのごはんや、テーブルを入れ始めたことでおうちごっこへと発展しました。みんなで作った消防車が、居心地のよいおうちのような空間へと変化していきました。

完成した消防車に、救急隊ごっこや消防車作りの様子を掲示

保育者から

モノとの関わり【消防車作り】から、ヒトとの関わり【消防車内での病院ごっこやおうちごっこ】へと楽しさの質が変化していきました。保育者には、子どもたちが今何を楽しんでいるかを感じ取り、環境を整え、関わっていくことが求められます。

キーワード

5 様々な関係の中で育つ

子どもの周りにはたくさんの関係性があります。
友達、保育者、保護者だけでなく、事務の人、用務員、バスの運転手なども。
また地域の人との関わりも大切です。
いろいろな関係の中で刺激を受けたり、アイディアをもらったり、
あそびのヒントをもらったり、その関係が広いほど、豊かな経験につながります。

ラーメン屋さんをやりたい！

毛糸がラーメンに見えたという子どもの発見を保育者がキャッチして、環境構成を工夫したり、保護者の協力を得たり、異年齢の関わりになったりしながらあそびが広がっていった事例です。

（東京都・東一の江幼稚園）

保育者が作ったお店で、早速、
ラーメン屋さんごっこの相談中

あそびの始まり

毛糸で遊んでいた子どもが「ラーメンみたい」とつぶやき、そこから保育者と話が進んで、「ラーメン屋さんやりたい！」となり、次の日までに保育者が、のれんまで作ったリアルなラーメン屋さんを作りました。

保育者から

子どもと一緒にラーメン屋を作ることも考えましたが、子どもたちにあるのは「ラーメンを作りたい！」という思い。そうであれば、その気持ちが更に盛り上がるようにラーメン屋の看板などを設定し、「作りたい！」という思いが発揮できるようにしました。

子どもが育つ！ **あそびのキーワード 7**
5 様々な関係の中で育つ

いらっしゃいませ！

ラーメン屋さんだ！

保育者が作ったラーメン屋に驚き、喜んだ子どもたち。早速ラーメンを作ろうとします。おわんにラーメン（毛糸）を入れて、出来上がり。「いらっしゃいませ！」と、ラーメン屋さんごっこが始まります。

これください！

ラーメン屋さんがもっと楽しくなるように

おわんにラーメンを入れただけの物でしたが、「ラーメンにはもっといろいろな物が入っている」という話になり、ネギ、のり、チャーシューなどを準備しました。そして、いろいろなラーメンが注文できるようにとメニュー表を用意します。

保育者から

本格的なラーメン屋さんごっこが始まると、5歳児もあそびに参加してきました。5歳児はラーメンをゆでること、名前は分からないけど、いろいろな道具があることを知っています。そういった5歳児の子どもたちからも刺激を受けて、ラーメン屋さんは大人気のあそびになっていきました。

ネギをいれてください！

ラーメン屋さんに行ってみよう

ラーメン屋さんごっこが子どもたちの間で盛んになってきていることをラーメン店を経営している保護者が知り、店に来てもいいとおっしゃってくれました。

保育者から

この頃、ラーメン屋さんのあそびは盛り上がっていましたが、ピンクのラーメンを作るなどファンタジーの世界を楽しんでいる子もいました。だから、本物を見せるということが本当に、このときの子どものニーズに応じたものなのか、職員間で話し合うこともありましたが、見ることで刺激になることも多いので実際に見に行くことにしました。

ラーメン屋さんに行きました

クラス全員でラーメン屋さんに出発。ラーメン屋さんに行ったことはあるけれど、改めて見るといろいろな物がありました。

こうやってできるんだ！

おおきななべだ！

おいしそう

保育者から

保護者でもあるお店の人が大きな寸胴鍋を見せてくれたり、その中に何が入っているか分かりやすいようにイラストを準備してくれたりしました。また保育者を厨房に入れて、ラーメン作り体験もさせてくれ、そういったことで子どもたちにとってラーメンがより身近になったようです。

子どもが育つ！あそびのキーワード **7**
5 様々な関係の中で育つ

こんな道具があったよね

実際にラーメン屋さんに行ったことで、寸胴鍋を作ったり、ラーメンざるなどを使ったりし、ラーメンを作り始めました。

ラーメンできました！

ラーメンが戻ってこない！

ラーメン屋さんがはやり、いろいろなクラスの子どもたちも遊びに来てくれるようになると、ラーメンがいろいろな所に行って、戻ってこない！　このままあそびが停滞しないようにと「へんきゃくぐち」に戻すことを子どもたちに提案しました。

お父さん、お母さんにも食べてもらおう

園では2月に造形展があります。その造形展でお父さん、お母さんにもラーメンを食べてもらおうと、造形展でもラーメン屋さんがオープンしました。

造形展でのラーメン屋さんを準備中

なべはグレーだったよね！

キーワード

6 興味や疑問から あそびがつながる

遊び込んでいくと、次から次へと興味や疑問が生まれます。
一つの疑問を解決しようと調べていくうちに、次の疑問に出会い、
更に次の疑問へと、答えではなく疑問をたくさん見つけていきます。
その中で子どもたちの興味はどんどんと深まり、あそびをつなげていきます。
答えが見つかることだけが大切なのではなく、
次から次へと生まれる疑問にとことん向き合うことで子どもは育っていくのです。

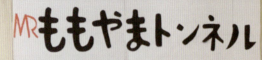

2歳児のときの段ボール箱で作ったトンネル作りがきっかけになり、
乗り物が大好きな子どもたちが、工夫しながらあそびをどんどん発展させていった事例です。

（栃木県・認定こども園 さくら）

あそびの始まり

電車が好きで、絵本や電車の写真をたくさん見ていました。「トイレがトンネルみたいに見えるよ！！」ということでトイレの入り口をトンネルに見立てました。2歳児も興味をもったので、隣の2歳児のクラスにあそびに行くための線路作りが始まりました。

保育者から

どうやって線路をつなげたら良いのか、話し合う時間をつくりました。分からないことを分からないままにせず、聞きに行ける雰囲気づくりが大切です。

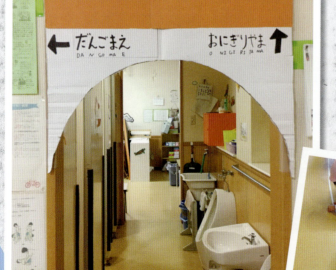

隣のクラスにつながる線路作り

子どもが育つ！ **あそびのキーワード7**
6 興味や疑問からあそびがつながる

せんろが いっぱい！

せんろって こんなかたちを しているんだ

線路を作りたい！

2歳児のときに興味をもった電車の続きで、「路線図」を見ながら各路線がいろいろな色で描かれていることに気付き、カラフルな線路作りが始まりました。線路の材料は、子どもたちが話し合ってビニールテープに決定！　また、電車の絵本を見ながら線路に枕木があることに気付き、見よう見まねで保育室の中に線路を作っていきます。保育室内の線路が出来上がると廊下にも線路が広がっていきました。他のクラスの子どもにも興味・関心が広がり、電車・線路ブームの到来！　3歳児のクラスだけではなく、4歳児、5歳児のクラスへも線路をつないでいくことになりました。

せんろのうえを はしろう！

 **保育者から**

ビニールテープを切るのにハサミを使うので、安全に配慮します。子どもたちが自由に線路を作れるように「場所の制限」をしないように心掛けました。

本物の線路を見に行こう

実際に駅に行って本物の線路や駅の中などを見てきました。線路にある石の大きさに疑問をもち、駅員さんに聞いていました。本物の線路は「茶色!」と驚く子どもたちでした。

 保育者から

事前に何を確認したいのかを調べ、その際に子どもたちと一緒に駅での安全面やマナーを確認しました。実際に見て疑問に思ったことを直接質問できるように、駅員さんと事前にコミュニケーションをとっておくことが大切です。

電車に乗って空港に行きたい!

戸外あそび中に「あっ、飛行機雲があるよ!」と飛行機雲を見つけると、その周りで遊んでいる子どもたちも一緒になって空を見上げます。それをきっかけに空や雲を見るようになり、飛行機やヘリコプターが飛んでいることに気付き「どこから飛んでくるんだろう?」と疑問をもち始めました。ある園児が「羽田空港からじゃない?」。すると「電車に乗って空港に行きたい!」となり、どうやったら空港まで行けるのか、路線図を見ながら自分たちで考え始めました。迷路を解くように指で路線図をたどりだし、羽田空港までの行き方を探求し、たどり着けると「やったー!!」と喜んでいました。

パンフレットを見ながら滑走路作り

「空港作り」が始まる

飛行機雲から、飛行機に興味をもった子どもたちが出てきたので、保育室に飛行機関係の本や、空港のパンフレットなどを置いておくと、夢中になって読んでいました。すると、「空港を作ろうよ!滑走路を作ろうよ!」と展開し、自分たちが読んでいた本と同じように作り始めました。

子どもが育つ！ あそびのキーワード **7**
6 興味や疑問からあそびがつながる

乗り物が行く！ 世界地図作り

4歳児からもらった紙飛行機がきっかけで「飛行機はどこに行くの？」と疑問が生まれました。国旗の図鑑や地球儀を用意し、保育者が世界地図を作り保育室に置いておくと、色紙をちぎって貼り始め、カラフルな世界地図が完成！ そこに、4歳児からもらった紙飛行機を貼ってうれしそうでした。
世界地図の海に魚を泳がせたり、流氷を作ったりと、いろいろな方向に展開していきました。

 保育者から

乗り物全般に興味・関心が移っていたことに保育者が気付き、大きい世界地図を作って、大勢で楽しめるように配慮。子どもたちの会話のきっかけづくりになるようにしました。

番外編 保育参観でスポーツフェスティバル？

スポーツフェスティバル（運動会）の親子競技として、自分たちが興味・関心をもった電車を作って、「その電車に乗って競走をしよう！」ということになり、保護者の方々とオリジナル電車を作ることにも広がりました。

7 五感で感じる保育

五感（視覚、聴覚、味覚、触覚、嗅覚）の全てを意識することで、
保育に広がりが生まれます。
ある一つのことへの興味から始まり、
そこから様々な物を五感で感じることのできる環境だからこそ、
あそびに広がりが生まれていきます。

チョウチョウになり切って

虫採りに夢中な子どもたち。チョウチョウに興味をもった子どもたちは、
チョウチョウの羽を背中に付けてなり切ることを楽しみます。
チョウチョウになることで様々な花と出会い、匂いを嗅いだり、色水のきれいさを感じたり、
五感を働かせながら遊ぶ子どもたちの姿を紹介します。

（神奈川県・宮前幼稚園）

あそびの始まり

園庭の一角にある森の中で虫採りに夢中になっていた子どもたち。セミやセミの抜け殻を採ることを楽しんでいました。ある日、ひらひらと舞う1匹のチョウチョウを発見！　子どもたちは必死になって追い掛け、見事捕まえることができました。

チョウチョウだ!

虫採りに夢中！

子どもが育つ！ あそびのキーワード **7**
7 五感で感じる保育

セミも
みつけたよ！

チョウチョウ
みたいにとぼう！

チョウチョウに変身

自分たちで捕まえられたことで子どもたちはチョウチョウに興味津々。
そんな子どもたちの姿を見た保育者が、背中に背負える羽を置いておいたことをきっかけに、チョウチョウになり切って遊ぶことが始まりました。

 保育者から

じっくりと観察することだけでなく、"チョウチョウに変身できる"という楽しさを味わえることを大切にしました。そのために、色画用紙を羽の形に切り、背負えるようにスズランテープを付けた物を、子どもたちが自由に手に取れるように保育室に置いておきました。

チョウチョウになって園庭へ！

さっそく羽を付けてチョウチョウになって園庭を舞う子どもたち。カブトムシが好きな男の子は「僕はカブトムシになりたい！」とカブトムシのお面を付けて仲間入り。虫は空を飛べるというイメージから、高いアスレチックに挑戦したり、台の上からジャンプをしたりとあそびはどんどん広がります。

> えんていにいこう！

> まてーっ！

 保育者から

手を羽ばたかせながら走ったり、高い場所に登ったり、ジャンプしたり…。心が動いているからこそ、しぜんと多様な体の動きが生まれました。
子どもたちの挑戦意欲をかき立てる環境があることで、あそびが豊かになっていきます。

子どもが育つ！ あそびのキーワード **7**
7 五感で感じる保育

羽をおしゃれにしよう！

チョウチョウの羽にはきれいな模様がついているということに気付いた子どもたち。
「自分たちの羽もかわいくしたい！」と、シールを貼ったり、クレヨンで描いたり、世界に一つだけのおしゃれな羽に生まれ変わりました。

丸シールを貼って…

デカルコマニーに挑戦。
どんな模様になるかな？

保育者から

"チョウチョウの羽にはきれいな模様がある"という発見を大切にし、自分なりの模様を表現できる環境を整えました。
1つ目は、自分たちが身につけている羽をシールやクレヨンで飾り付けられるようにしました。2つ目は、より細かい模様を表現できるように、小さいチョウチョウの形の画用紙と絵の具を準備し、自由に描いたり、デカルコマニーの技法で模様をつけたりできるように環境を設定しました。

このはなの
みつが
おいしそう

花の蜜っておいしそう

チョウチョウの大好物は"花の蜜"ということを知っていた子がストローを手に持ち、花の蜜を吸うまねをし始めました。その姿に刺激を受けた子たちもみんなストローを持ち、花の蜜を求めて園庭へ。
「私は赤が好きだから赤いお花」「紫のお花だからブドウ味だ〜！」。カブトムシの子は「僕が吸っている木の蜜もおいしいよ」とそれぞれが自分の感じたことを伝え合っていました。

保育者から

花の蜜を吸うという、チョウチョウならではの動きをまねすることを楽しんでいました。
園庭に咲いている花を探したり、花の色から蜜の味を考えたり、子ども同士でイメージを伝え合っている姿が印象的でした。
保育者も子どもが感じている世界観を大切に、「どんな匂いがする?」など、より五感を働かせられるようなことばがけを意識して関わりました。

みんなのあめちゃんは何味かな？？

午前保育の日に帰りの会で食べている肝油のドロップ。子どもたちは"あめちゃん"と呼んで楽しみにしています。
"あめちゃん"を配る際、色とりどりの花を隣に置いて、自分で選んで食べることを楽しみました。子どもたちちは花の色から「甘い蜜の味がする！」と蜜のイメージを膨らませていました。

保育者から

"あめちゃん"を食べるという日常の保育の中でルーティーンとして行なっていることを、子どもの興味・関心に応じて変化させました。
子どもたちが何に心を動かしているかを感じ取り、環境を再構成していくことが大切です。

お花のジュース屋さんです!

花びらの美しさにも興味をもった子どもたち。花びらを水の上に浮かべたり、ポリ袋の中ですり潰したり、水が花びらの色に染まっていく様子を「ジュースになった!」と喜んでいました。出来上がった色水をたくさん並べて、チョウチョウのジュース屋さんとして開店し、お客さんとのやり取りを楽しみました。
チョウチョウを捕まえたことで興味をもち、チョウチョウになり切ることで花に興味をもち、興味・関心からあそびがどんどん広がり、子どもたちの経験も深まっていきました。

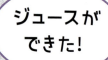
ジュースができた!

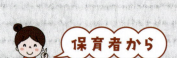
保育者から

色水あそびで花を摘むときは、自然を大切にする心が育まれるように、「おばあちゃんになったお花を採ろうね」と、枯れたり、しおれたりして元気のない花を採るように伝えました。子どもたちにとって分かりやすい表現で伝えることで、自分で考え、自分で判断できることを大切にしました。

年齢別保育資料

3歳児の あそび

田澤里喜／編著

ひかりのくに

本書の特長と見方
子どもの主体性を育む、あそびのヒントがたっぷり詰まった1冊です!!

巻頭カラー　P.1～
子どもが育つ！あそびのキーワード7

あそびの中の子どもの育ちを見るにあたって押さえておきたい、7つのキーワードを事例とともに紹介します。

あそびの始まりがあり、本気であそびに取り組む子どもたちの姿、保育者の配慮や思いも満載です。

運動あそび　P.49～

「かけっこあそび」「おにごっこ・集団あそび」「ボールあそび」「縄跳びあそび」「道具を使ったあそび」「伝承あそび」のジャンルに分けて、楽しい運動あそびを紹介しています。

ポイント
保育者の配慮や安全面で気を付ける点などを紹介！

『もっとやりたい!』を支えるヒント
あそびが更に楽しくなるヒントです。

自然あそび　P.81～

「葉っぱで遊ぶ」「花で遊ぶ」「実で遊ぶ」「枝で遊ぶ」「風で遊ぶ」「石で遊ぶ」「様々な自然あそび」のカテゴリーで、自然と季節を感じるあそびがたっぷりです。

ポイント
あそびの中で大切にしたいことや、自然あそびがうまくいくコツなどの情報を紹介！

造形あそび P.97〜

様々な素材と道具を使って子どもたちが実際に行なった事例をもとに、楽しい造形あそびを紹介。「素材・道具の工夫とポイント」や「環境づくりのポイント」の解説付き。更に、保育者からのあそびのヒントや配慮する点なども満載。
P.98〜103は、造形あそびの環境構成と素材・道具の工夫を写真と一緒に分かりやすく掲載しています。

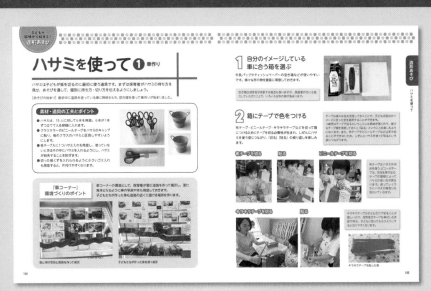

伝承あそび P.129〜

昔から親しまれているあそびをたくさん紹介。基本のルールや作り方、遊び方を知ることによって、更にあそびが広がります。

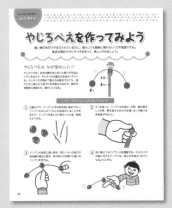

手あそび P.145〜

「季節・行事の手あそび」「生活の手あそび」「いつでも手あそび」に分かれていて、1年中楽しめます。

あそびのヒント
導入やことばがけの例、あそびが更に楽しくなるヒントを紹介。

折り紙あそび P.177〜

子どもたちが読めるように、ひらがなで表記。写真付きの折り方もあり、それぞれコピーして活用できます。

飼育・栽培プラン P.201〜

園で飼育・栽培しやすい動植物を紹介しています。

行事の由来 P.225〜

子どもたちに伝えたい行事の由来をまとめています。

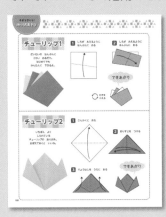

3歳児のあそび CONTENTS

【巻頭カラー】子どもが育つ！ あそびのキーワード7　1

- 2　キーワード1●**探究心・好奇心から学んで**
  ジュース作りに挑戦！
- 6　キーワード2●**自然を感じて遊び、学ぶ**
  風を感じて遊ぶ
- 10　キーワード3●**興味が出発になってあそびが始まる**
  バスを追い掛け、待ち焦がれて
- 14　キーワード4●**イメージの世界で遊ぶ**
  なり切る！ 救急隊ごっこ
- 18　キーワード5●**様々な関係の中で育つ**
  ラーメン屋さんをやりたい！
- 22　キーワード6●**興味や疑問からあそびがつながる**
  電車でゴー！
- 26　キーワード7●**五感で感じる保育**
  チョウチョウになり切って
- 34　本書の特長と見方

『あそび』について知っておこう！　42

- 42　「やりたい！」を大切にしよう！
- 44　いろいろな素材を工夫しよう！
- 46　たくさんの資源を活用しよう！
- 48　環境構成を考えよう！

もっとやりたい！ またやりたい！ 運動あそび ㊾

50 **かけっこあそび**	64 **縄跳びあそび**
いろいろ歩き	いろいろ大縄跳び
52 　〇〇に向かって！	66 　歌に合わせて跳ぶ
53 　飛行機	67 　大縄でんしゃでゴー
54 **おにごっこ・集団あそび**	68 **道具を使ったあそび**
キツネさんと走りっこ	ケンケン
55 　だるまさん	69 　はいるかな？
56 　ねことねずみ	70 　のせてお散歩
57 　まる さんかく しかく	71 　引っ越し
58 　めちゃめちゃはやった	72 　ロケット投げ
59 　オオカミさん、いま何時？	73 　ゴムを跳んで くぐって
60 **ボールあそび**	74 **伝承あそび**
ボール・ターゲット	こんこんさん
61 　キャッチボール	76 　あぶくたった
62 　マイボトル♡ボウリング	78 **運動あそびの基本的な動き**
63 　段ゴールバスケ	

3歳児のあそび **CONTENTS**

見て、触って、発見して！ 自然あそび 81

- 82 **葉っぱで遊ぶ　春・夏**
  - 葉っぱを感じる
  - 葉っぱのお面
  - 毛糸通し
- 83 ままごと
  - 葉っぱスタンプ
  - いろいろな所に貼る
  - くっつく葉っぱ
- 84 **葉っぱで遊ぶ　秋・冬**
  - 落ち葉を集める
  - 落ち葉のアクセサリー
  - 落ち葉の冠
- 85 落ち葉の通り道
  - 落ち葉人形
  - 落ち葉でアート
- 86 **花で遊ぶ　春・夏**
  - 香りを楽しむ
  - 水に浮かべる
  - 色水作り
- 87 **花で遊ぶ　秋・冬**
  - 花束作り
  - ドライフラワー
  - 栽培

- 88 **実で遊ぶ　春・夏**
  - 集める
  - 擦り下ろす
  - 味わう
- 89 **実で遊ぶ　秋・冬**
  - ころころ転がす
  - ケーキ作り
  - 木の実で製作
  - 木の実の足跡
- 90 **枝で遊ぶ　春・夏**
  - つなげる
  - 輪投げ
  - 枝を組み合わせて
  - 紙粘土と組み合わせて
- 91 **枝で遊ぶ　秋・冬**
  - モビール作り
  - 迷路作り
  - 輪切りの枝に描く

- 92 **風で遊ぶ**
  - 身に付けて
  - こいのぼり
  - ダイナミックな環境で
- 93 **石で遊ぶ**
  - 並べる
  - 重ねる
  - 投げる
  - 絵を描く
- 94 **様々な自然あそび**
  - 水を感じる
  - 音を感じる
  - 光を感じる
  - 雨を感じる
- 95 木登り
  - 虫採り
  - サツマイモで
  - 野菜スタンプ
- 96 泥団子作り
  - 氷を作る
  - 雪で遊ぶ

子どもの興味から始まる！ 造形あそび 97

- 98 造形あそびが豊かに発展する環境構成と素材・道具の工夫
- 104 ハサミを使って①車作り
- 107 ハサミを使って②スカート作り
- 108 絵の具を使って
- 112 粘土で遊ぶ
- 116 ごっこあそび①食べ物屋さんごっこ
- 121 ごっこあそび②美容院ごっこ
- 124 立体物を作る①楽器
- 128 立体物を作る②電車

みんなで遊ぼう！ 伝承あそび 129

- 130 お手玉で遊ぼう
- 131 ビー玉・おはじきあそび
- 132 やじろべえを作ってみよう
- 133 楽しい坊主めくり
- 134 けん玉のコツ
- 135 紙鉄砲を作って遊ぼう
- 136 紙トンボで遊ぼう
- 137 トントン紙ずもう
- 138 クルクル回るよ風車
- 139 親子で作るでんでん太鼓
- 140 たこ揚げのコツ
- 141 羽根突きをしてみよう
- 142 こまの回し方
- 143 簡単！ 盤面ごま
- 144 楽しいブンブンごま

3歳児のあそび CONTENTS

1年中楽しめる！ 手あそび 145

- 146 **季節・行事の手あそび**
  おはながさいた
- 147 拍手をプレゼント
- 148 みずあそびチャプチャプ
- 150 バスごっこ
- 152 どんぐりころころ
- 153 **生活の手あそび**
  できたかな？
- 154 あなたのおなまえは
- 156 なぞなぞむし
- 157 かみしばいのうた
- 158 おててをあらいましょう
- 159 とんでけバイキン
- 160 おはなし
- 162 おべんとう
- 163 はをみがきましょう
- 164 **いつでも手あそび**
  とんとんとんとんひげじいさん
- 166 おはなしゆびさん
- 168 ごんべさんのあかちゃん
- 169 いとまき
- 170 せんべせんべ
- 171 おちたおちた
- 172 グーチョキパーでなにつくろう
- 174 パンダうさぎコアラ
- 176 さかながはねて

季節を感じる！ 折り紙あそび 177

- 178 おりかたの　きごうと　やくそく
- 180 チューリップ1／チューリップ2
- 181 チョウチョウ／おうち
- 182 イチゴ1／イチゴ2
- 183 こいのぼり1／こいのぼり2
- 184 かぶと1／かぶと2
- 185 カタツムリ／アジサイ
- 186 カエル
- 187 おりひめ・ひこぼし1／おりひめ・ひこぼし2
- 188 ふね／ヨット
- 189 さかな1／さかな2
- 190 スイカ
- 191 ぼうし／アイスクリーム
- 192 キノコ
- 193 ドングリ1／ドングリ2
- 194 おちば
- 195 リンゴ
- 196 サンタクロース
- 197 たこ1／たこ2
- 198 こま
- 199 おに1／おに2
- 200 おひなさま1／おひなさま2

育ててみよう！ 飼育・栽培プラン 201

- 202 小さな生き物を飼育してみよう
- 203 年間飼育カリキュラム例
- 204 アゲハチョウ／モンシロチョウ
- 205 チョウチョウ・ガの飼育と環境づくり
- 206 テントウムシ
- 207 ダンゴムシ
- 208 カブトムシ
- 210 カタツムリ
- 211 アリ
- 212 スズムシ
- 213 園庭に虫を呼び寄せよう
- 214 野菜・植物を栽培してみよう
- 215 キュウリ・トマト
- 216 サツマイモ
- 217 ヘチマ
- 218 オシロイバナ
- 219 カブ・ダイコン・ニンジン
- 220 ヒヤシンス・クロッカス
- 221 食虫植物／ミント
- 222 年間栽培カレンダー例
- 224 植物の力を借りて土づくり／子どもと一緒に害虫駆除

子どもたちに伝えよう！ 行事の由来 225

- 226 こどもの日
- 227 七夕
- 228 敬老の日
- 229 お月見
- 230 夏至・冬至
- 231 お正月
- 232 節分
- 233 ひな祭り

園紹介 234

『あそび』について知っておこう!

子どものあそびは学びです。子どもの「やりたい!」という思いを出発点にし、紆余曲折、試行錯誤しながら、思考したり、工夫したりと、興味・関心をもって取り組み、豊かなプロセスが生まれ、その中で多くのことを学びます。そんな豊かなあそびが広がる環境について、事例を中心に考えてみましょう。更に本書各ページも参考にしてみてください。

事例は、P.2-32 で紹介しています。

「やりたい!」を大切にしよう!

人間はさせられることより、「やりたい!」という思いがある方が育ちや学びが多くなります。「やりたい!」が出発点になり、夢中になるからこそ、没頭し、豊かなプロセスが生まれ、その中にたくさんの学びの機会ができるのです。

あそびはその「やりたい!」のかたまり。その「やりたい!」を大切にすることが子どもたちの学びのスタートになります。「やりたい!」をひとつ実現していくと、そこから更なる「やりたい!」が生まれてきます。

1-1

1-2

キーワード1
(P.2-5)

例えば、ジュース屋さんごっこの例では、ジュースを作りたい!(1-1)→本物のジュースが作りたい(1-2)→ミキサーを使いたい(1-3)→ジャガイモでジュースを作りたい(1-4)と広がりました。

1-3

1-4

キーワード3
(P.10-13)

キーワード4
(P.14-17)

　ひとつの「やりたい！」が実現すると、新たな疑問が生まれ、次の「やりたい！」が見いだされていきます。その繰り返しが豊かなプロセスとなり、そのプロセスこそが子どもたちの学びになるのです。

　子どもたちをよく見ると「やりたい！」という思いには一人ひとり違いがあることが分かります。時にはとても少ない人数の「やりたい！」に周りが興味をもってだんだんと広がっていくこともあります。

　バスが好き！　という男の子がきっかけとなって、他の子どもたちがそれぞれの楽しみ方をし始めました。（1-5）→（1-6）

　消防士になりたい！　というＳくんの思いから、訓練ごっこをしたり、消防車を作ったりし、病院ごっこやおうちごっこなどいろいろなあそびにつながっていきました。（1-7）→（1-8）

　子どもの「やりたい！」は何もないところからは生まれてきません。時に保育者から提案をし、それがきっかけとなりあそびが盛り上がることもあります。

　例えば、造形あそびのページ（P.97～）にあるような環境構成をしてみて、子どもたちの「やりたい！」のきっかけづくりをしてみましょう。

　また、運動あそびのページ（P.49～）にあるようなあそびをみんなでやって、その後、そこでの経験をもとに自分たちであそびを展開することもあるでしょう。「やりたい！」が生まれる環境づくりの参考にしてみてください。

いろいろな素材を工夫しよう!

　子どものやりたいことをただやらせるだけではあそびは豊かになりません。子どもが何を楽しんでいるのか、何に興味をもっているのかを丁寧に見取り、環境構成をしましょう。環境構成をする際はいろいろな素材を活用、工夫することがとても大切です。

　例えば、風をもっと感じてほしいと、シフォンハンカチ（2-1）、傘袋（2-2）、大きなポリ袋（2-3）など、いろいろな素材の提案をすることにより、子どもたちが様々な風との関わりをするようになっています。また、素材は与えるだけでなく、保育者側の工夫も大切です。

　（2-4）の写真を見てください。バスに興味をもった子どもたちがバインダーに挟んだ時刻表を持っています。子どもが時刻表を知っていることに保育者が着目して、時刻表を印刷し、更に持ちやすいようにバインダーに挟んだのです。とても細かい配慮ですが、持ちやすくなったことで遊びやすくなったという保育者の工夫が見られます。

2-1

2-2

2-3

キーワード2
(P.6-9)

2-4

キーワード3
(P.10-13)

『あそび』について
知っておこう！

2-5

キーワード5
(P.18-21)

2-6

キーワード6
(P.22-25)

　ラーメン屋さんごっこの写真（2-5）をよく見ると、ネギやモヤシなどの食材が牛乳パックごとに分かれて並んでいます。こちらもちょっとした工夫ですが、ただ素材を置くだけではなく、素材を選びやすくした工夫で数段遊びやすくなっています。

　（2-6）の写真では、子どもたちが路線図を見ています。子どもには分からないだろうと決めつけるのではなく、子どもたちの興味を広げるための素材として提案してみるのもいいでしょう。路線図や時刻表などは保育者の考えている以上に子どもたちは日常の生活の中でふれています。ですから、地域にはよりますが予想以上に興味を示すはずです。

　そして、環境構成によって子どものあそびの方向性が変わります。その環境構成をする上で重要となる一つの要素が素材の選択です。「子どもにはまだ早いだろう」「これは保育で使う素材ではないだろう」と固定観念で考えるのではなく、子どもの興味・関心に寄り添い、子どもの言葉に耳を傾け、素材の検討をしてみてください。素材の選択をする上で、本書の事例だけでなく、例えば、自然に興味を示しているのであれば、自然あそびのページ（P.81〜）の素材を、何か作ろうとしているのであれば造形あそびのページ（P.97〜）に書かれている素材を参考にしてみてください。

　また、伝承あそび（P.129〜）や折り紙あそび（P.177〜）なども子どもに提案、提供することであそびが広がる可能性のある素材です。素材は正しい知識に基づいて選択する必要もあります。子どもに提供した自然素材に毒性があった、危険があったということは許されません。

　そういった意味からも飼育・栽培プランのページ（P.201〜）や各ページの安全への配慮も合わせて参考にしてみてください。

たくさんの資源を活用しよう！

　本書の事例ではたくさんの資源を活用しています。それは、園内外にとらわれない資源です。
　例えば、散歩中に通り掛かったジュース屋さん（3-1）、目に見えない風・科学的な資源（3-2）、園の前を通るバス（3-3）、防災訓練の日にやってきた消防車（3-4）、保護者のラーメン店（3-5）、本物の線路（3-6）、花の蜜（3-7）など様々です。

キーワード1
(P.2-5)

3-1

キーワード2
(P.6-9)

3-2

キーワード3
(P.10-13)

3-3

キーワード4
(P.14-17)

3-4

キーワード5
(P.18-21)

3-5

『あそび』について知っておこう!

3-6
キーワード5
(P.18-21)

3-7
キーワード6
(P.22-25)

3-8

3-9
キーワード6
(P.22-25)

※キーワード7
(P.26-32)

　園の中にもあそびが豊かになる資源はたくさんあります。ただし、禁止事項が多かったり、「こう使うもの！」という固定観念が強かったり、「こんなことしたことない」という前例主義だったりすると、その資源が活用されません。

　ぜひ、改めて保育者同士で園内をめぐり、あそびが豊かになる園内の資源を探してみてください。倉庫の奥に隠れているかもしれません。

　更に、園の中よりも園外の方が広いのですから資源もたくさんあります。地域によって異なりますが、どの地域であっても園外に子どもたちのあそびや生活が豊かになる資源があるはずです。

　また、家庭にも子どものあそびが広がる資源がたくさんあります。地域や家庭の資源を活用し、遊び込める環境づくりをしていきましょう。

　例えば、(3-8)は、ラーメン屋さんに行ったからこそ、寸胴鍋を作ったり、ラーメンざるを知ったりとあそびがより具体的なものになっています。

　また、(3-9)は本物の線路を見に行ったことから、その後の空港作り、世界地図作りへとあそびが広がっていったのです。

環境構成を考えよう!

　あそびが大事だからといって、ただ遊ばせているだけでは学びはとても浅いものになります。ですから、幼児期は環境を通した教育と言われ、環境構成を重視しています。

　その環境を構成するときに大切なことは、子どもが何に興味をもち、おもしろがっているのかを理解することと、それらが広がるような環境の工夫ができることになります。言い換えるならば、子ども理解と教材研究が大切ということです。

　子ども理解は、例えば、(4-1)のチョウチョウに関心をもった子どもを見たときに「チョウチョウを捕まえてよかった」とするのか、「チョウチョウを捕まえて羽に興味をもっているぞ」と理解したのかによってその次の環境構成は異なってきます。当然、写真のように「羽に興味をもっているぞ」まで幼児の興味を理解した方が具体的に環境構成ができます。

　次に教材研究は、羽に興味をもっている子どもたちにどのような環境構成をすればいいかを考えたときに、どんな教材、素材があるかを考えることです。

　その際、保育者として教材に対する知識が全くないのと、日頃から教材研究をしていて、いろいろなことに対する知識、引き出しがあるのとではずいぶんと次の展開が変わってきます。

　その教材研究の参考になるように本書を活用してください。

　おにごっこをしている子にP.54〜のおにごっこのバリエーションを提案することで、更に体を動かすことが楽しくなるかもしれませんし、行事の由来（P.225〜）を知ることで、子どもたちの興味のもち方も変わることでしょう。

　本書は様々な使い方ができますが、How-toだけでなく、子どもたちのあそびが豊かになるきっかけづくりとして使われることをおすすめいたします。

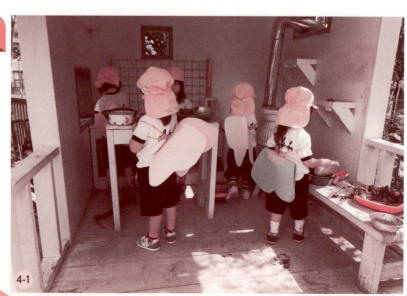

キーワード7
(P.26-32)

4-1

もっとやりたい！
またやりたい！

運動あそび

子どもたちが「もっとやりたい！」「またやりたい！」と思えるような
運動あそびを幅広く紹介します。
「運動あそびの基本的な動き」の資料も参考に、
子どもと一緒に思い切り楽しんでみましょう。

> もっとやりたい！
> またやりたい！
> 運動あそび

かけっこあそび

歩く、走る、跳ねるなどの動きは、体の重心を移動させる動きがしぜんと身につき、体力の向上にも役立ちます。スピード・リズム・方向を変えながらかけっこあそびを楽しんでみましょう。
また、子どもたちの動きを引き出せるように、保育者がいろいろ工夫していきましょう。

まねしてみよう！ いろいろ歩き

遊び方
① スタート地点とゴール地点を決める。
② 初めに保育者がいろいろな動きをして見本を見せる。
③ 保育者の動きをまねしながら、ゴールまで歩く。

ポイント
躍動感を出すことが大事です。どの動きも大きく、はっきり、リズミカルに行なうといいでしょう。

『もっとやりたい！』を支えるヒント
周りに人の少ない安全な場所でなら、あそびの一環で楽しく歩いてみましょう。公園内の遊歩道がおすすめ。カモシカ（スキップをする）になりながら行く道中は、きっと楽しみが増します。同じ道を通るたびに、「じゃあ今度は違う歩き方をしようか」とことばがけをすると、子どもたちから「○○歩きがいい！」とリクエストしてくれるはずです。

歩幅やテンポを変えて

アリ…アリのような細かな動きをイメージし、小さな歩幅と速いテンポで進む。
キリン…思い切り歩幅を広げて、大きくゆったりとしたテンポで進む。

横歩きやギャロップで

カニ歩き…体を横にして移動する。歩幅を広くすると躍動感アップ！
素早いカニ…いわゆるギャロップ。速いカニというイメージで跳ねるように。

腕で支えながら移動

クマ…4足歩行の動物なら何でもOK。お尻が下がらないように意識して、両手、両足を使って歩く。
片足クマ…片足を後ろに上げて進む。両手は同じタイミングでつくとバランスがとりやすい。

跳ねたりスキップしたり

カンガルー…両足をそろえて前に跳び、着地したときに両膝を柔らかく曲げる。カンガルーのように手を胸の前に出したり、おなかに袋を抱えているようにしたりすると、なり切るイメージがもてる。
片足カンガルー…いわゆるケンケン。「カンガルーさん、足をけがしちゃったみたい」などと話し、片足で跳んで進むことを意識させる。
カモシカ…元気に、躍動感をもってスキップする。
すごく元気なカモシカ…思い切り膝を上げてスキップする。

ポイント

両足跳びは、縄跳びの上達につながります。腕で支える動きは、マット運動、とび箱の上達にも通じます。力の強弱をつけたり、テンポを変えることで、思い通りに体を動かせる経験ができるよう、バランスよく、様々な動きを取り入れていきましょう。

運動あそび　かけっこあそび　いろいろ歩き

もっとやりたい！またやりたい！運動あそび

思い切り走ることを楽しもう　〇〇に向かって！

遊び方

1. スタートラインを描いておく。
2. ゴールを子どもたちと相談する。例えば、「くすのき」「すべり台」「〇〇先生」など、子どもたちにとって身近な物を目標にする。
3. 「〇〇に向かって！」と声を出し、目標を明確にしてから「よーい、どん！」で走る。
4. 目標物にタッチしたら、他の子どもとぶつからないようにスタートラインまで戻る。

ポイント

競うことや順位を目指すことよりも、目標に向かって思い切り走り、走ることの爽快感が味わえることを重視します。
周りの子の足と交錯したり、足がもつれたり、転ぶことが多いので、走る人数を調整し広い場所で楽しむようにしましょう。

『もっとやりたい！』を支えるヒント

目標を「〇〇先生のお尻」などユーモラスにすると、ぐっと盛り上がります。
また、ゴールを子どもたちと相談することを何度か繰り返すと、子どもたちがかけっこで自然に遊ぶきっかけになります。

大空を飛ぶように自由に走ろう！ 飛行機

運動あそび

かけっこあそび　〇〇に向かって！／飛行機

遊び方
1. 離着陸する線を描いておく。
2. 子どもたちは線に沿って立つ。
3. 「出発」の合図で、子どもたちは腕を伸ばし飛行機のように自由に走る。
4. 「着陸」の合図で、線に戻ってくる。

ポイント
子どもたちの人数が多いときや、うまく走れないときは走る方向を決めてあげると安全に遊べます。また、腕を横に伸ばす飛行機以外にも、腕を頭の上に伸ばすロケットや、腕を回すヘリコプターなどバリエーションを増やすと楽しめる幅が広がります。

『もっとやりたい！』を支えるヒント
保育者も合図を出しながら一緒に動くと、イメージがもてない子どもたちも安心して遊べます。走り始める前に、エンジンをかけるしぐさをしたり、どこに向かって出発するのかをイメージさせることばがけをすることで、子どもたちの楽しさは増していくでしょう。

もっとやりたい！またやりたい！
運動あそび

おにごっこ・集団あそび

運動量の多いあそびですが、自分のペースで動いたり止まったりできるので、3歳児にふさわしいあそびの一つです。保育者や友達と触れ合ったり、スリルや達成感も味わったりできます。
動きが煩雑になるので、なるべく広い場所で行ないます。また、音やことばがけで興味をもてるようにしましょう。

捕まえよう！ キツネさんと走りっこ

用意する物 お面

遊び方
保育者がキツネのお面をかぶり、子どもたちを追い掛ける。捕まった子は保育者と一緒に友達を追い掛ける。

ポイント

1人、2人と人数が増えてきたときは、子ども同士がぶつからないように、保育者が大きく動くなどして、安全に配慮しましょう。
慣れてきたら、キツネ以外のお面を用意し、いろいろな動物になって走りっこを楽しみます。また、お面の数を複数用意しておくと、子どもたちもお面をかぶってあそびを楽しむことができます。

『もっとやりたい！』を支えるヒント

3歳児では、友達より保育者と一緒に遊びたい思いが強い時期です。保育者がお面をかぶって動物になり切り、一緒に楽しむことが大事です。

捕まったら動いちゃダメよ だるまさん

運動あそび / おにごっこ・集団あそび　キツネさんと走りっこ／だるまさん

遊び方
1. おにを1人決め、おにはみんなを追い掛ける。
2. 捕まった子は、その場でだるま（あぐらをかく）になって座る。
3. おにと逃げる子は、だるまにぶつからないように走る。

ポイント
最初は、保育者がおにになり、子どもたちを捕まえ、あぐらの座り方を伝えていきます。あぐらの座り方に慣れていない子は、途中で足を投げ出してしまうかもしれません。適宜、保育者が声を掛けます。あそびを繰り返し、おに役は、やってみたい子に交代しましょう。

『もっとやりたい！』を支えるヒント
だるま以外にも、立った状態で手を合わせる「お地蔵さん」、手を垂直に伸ばした「木」など、いろいろなバリエーションで楽しめます。

もっとやりたい！またやりたい！運動あそび

「ねこ」に捕まるな！ ねことねずみ

遊び方

1. おに役の「ねこ」を1人決める。他の子は「ねずみ」。「ねこ」の家の円を描いておく。
2. 「ねずみ」は手をつないで輪になり、「ねこ」は輪の中に入ってしゃがみ、目をつぶる。
3. 「ねずみ」は10秒数えながら、反時計回りに回る。
4. 10秒数え終わったら、逃げる「ねずみ」を「ねこ」は追い掛ける。
5. 捕まった「ねずみ」は、「ねこ」の家（円の中）に入る。

ポイント

逃げる方向を決めると、ぶつかる危険性を減らせます。また、「ねずみ」が数人捕まったところで保育者が合図を出し、「ねずみ」を解放してからあそびを再開させます。参加人数に合わせて、合図を出すタイミングをはかりましょう。

『もっとやりたい！』を支えるヒント

子どもたち同士で遊べるように、捕まえたら「ねこ」の役を交代しましょう。慣れてきたら、バリエーションとしておに役の「ねこ」を増やすこともできます。

素早く移動しよう まる さんかく しかく

運動あそび

おにごっこ・集団あそび　ねことねずみ／まる さんかく しかく

遊び方

1. 地面に子どもたちが数人入ることができる大きさの丸、三角、四角を白線で描く。室内で行なう場合はビニールテープを貼る。
2. おにを1人決める。
3. 全員で「まーる、さんかく、しーかーく」と言った後に、おには、いずれかの形を言う。
4. おにが言った形に逃げ込む。入る前にタッチされたらおにを交代する。

ポイント

描く図形は参加人数によって大きさを変えます。また、子どもの体力によって、それぞれの図形を離し、走る距離を調節することもできます。

『もっとやりたい！』を支えるヒント

最初は保育者がおにになり、慣れてきたら子どもがおにになります。それぞれの図形を、リンゴやブドウなど、物の形にアレンジしても楽しめます。

もっとやりたい！またやりたい！ 運動あそび

おにの指示に従え！ めちゃめちゃはやった

遊び方

1. おにを1人決める。
2. おにと子どもたちが問答する。
   おに「めちゃめちゃはやった」
   子どもたち「なに、めちゃはやった？」
   おに「〇〇（触れる物の名前）」
3. おにに指示された物を触りにいく。
4. おには追い掛け、触る前にタッチされた子どもはおにを交代。

ポイント

ホールや園庭など、自然物や物がたくさんある場所の方が選択肢が増えます。おにが指示した物が、その場に1つしかない場合は、子どもたちが一斉に向かうこともあります。最初は保育者がおにになって見本を示しましょう。

『もっとやりたい！』を支えるヒント

「色」に限定して行なうと、子どもたちが様々な物を考えます。他にも「形」など、様々なバリエーションで楽しめます。

緊張感がたまらない オオカミさん、いま何時？

運動あそび

おにごっこ・集団あそび　めちゃめちゃはやった／オオカミさん、いま何時？

遊び方

1. オオカミ役を1人決める。他の子はオオカミから少し離れた所に並ぶ。状況によってラインを引く。
2. みんなで「オオカミさん、いま何時？」と聞く。
3. オオカミは「○時」と好きな時間を答え、それと同じ歩数をあるいて（3時なら3歩、7時なら7歩）近づいていく。これを繰り返す。
4. オオカミが「夜中の12時」と言ったら、みんなは捕まらないように逃げる。タッチされたら、オオカミ役と交代する。

ポイント

「オオカミさん、いま何時？」は、みんなで言えるように保育者が援助しましょう。また、オオカミが時間を言えるように声掛けします。オオカミ役は、最初はできる子が担えるようにします。

『もっとやりたい！』を支えるヒント

オオカミや他の動物のお面を複数用意しておくと、いろいろな動物になって楽しめます。おに役以外の子のお面も用意し、子どもたちが動物になり切って楽しめるようにしましょう。

もっとやりたい！またやりたい！運動あそび

ボールあそび

ボールあそびは、投げたり捕ったり、用具を操作する動きですが、ボールの動きに合わせて自分が動くことで、多様な動きを繰り返し経験・学習できます。
ボールはできるだけ多様な物（大きさ・硬さ・重さ・感触など）をそろえておき、ボールを操作する感覚を楽しめるようにしましょう。

狙って、当てて！ ボール・ターゲット

用意する物 ボール

遊び方 ボールを投げたり蹴ったりして、壁や目標物に当てる。

ポイント
サッカーゴールがあれば活用しましょう。なければ壁にラインを描く、テープを貼るなど、目標を分かりやすくします。ボールは子どもの人数分用意し、繰り返し楽しめるようにしましょう。

『もっとやりたい！』を支えるヒント
壁に点数やお化けなどが描かれたボードを貼ると、狙う目標ができて楽しめます。更にゴールキーパー役がいると盛り上がります。また、保育者がターゲットになっても。「先生に当てよう！」と子どもたちも必死になって楽しく遊べます！

2人組になって楽しもう！ キャッチボール

用意する物 ボール

遊び方 2人組になって、様々なやり方でキャッチボールを楽しむ。

転がしてキャッチボール
手でボールを転がす。覆いかぶさったり、すくったりして捕る。

キックでキャッチボール
転がすようにボールを蹴る。覆いかぶさったり、足で止めたりして捕る。

下投げキャッチボール
両手でボールを下から投げる。手のひらや、腕と胸で捕る。

バウンドキャッチボール
ボールを地面にバウンドさせて渡す。手のひらや、腕と胸で捕る。

両手投げキャッチボール
両手でボールを上から投げる。手のひらや、腕と胸で捕る。

片手投げキャッチボール
手を添えてから片手でボールを投げる。手のひらや、腕と胸で捕る。

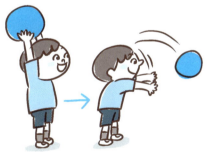

ポイント
投げる動き（スロー）、受ける動き（キャッチ）をその子の段階に合わせて楽しむようにします。保育者が相手になり、キャッチしやすい位置に、受け取りやすい軌道で投げてあげましょう。

『もっとやりたい！』を支えるヒント
上手にキャッチできるようになると、うれしさから楽しい気持ちが増し、何度もやりたくなってきます。キャッチに自信がない子は、受ける動きを繰り返します。キャッチに自信がついたら投げる動きをやってみましょう。

もっとやりたい！
またやりたい！
運動あそび

いっぱい倒そう マイボトル♡ボウリング

用意する物 ペットボトル（10本程度）、ボール

遊び方
1. ペットボトルを並べ、転がす位置を決める。
2. ボールを転がしてペットボトルを倒す。
3. 次にやる人がいる場合は、ペットボトルを立て直す。

ポイント

ボールを転がすことが目的です。投げるのではなく、転がすコツをつかめるように伝えましょう。「10本倒してみよう」「100点は倒せるかな！？」など、達成できそうな目標を声掛けをすると意欲が増します。

『もっとやりたい！』を支えるヒント

ペットボトルでオリジナルのピンを子どもたちと一緒に作ってみましょう。油性フェルトペンで絵を描く、切った紙やスズランテープを中に入れるなど、いろいろ工夫しながら作ると楽しいです。得点を書いたり、お化けなどの顔をつけたりしてもいいでしょう。倒す難易度を上げたい場合はペットボトルの中に水を入れ、量で調節します。

玉入れを楽しもう！ 段ゴールバスケ

用意する物 段ボール箱、クラフトテープ、ボール

遊び方

1. 適当なサイズの段ボール箱の上と下の面を切り落とし、端をクラフトテープで補強して「段ゴール」を作る。
2. 少し高い場所に段ゴールを設置。
3. 段ゴールに入るようにボールを投げる。

運動あそび

ボールあそび　マイボトル♡ボウリング／段ゴールバスケ

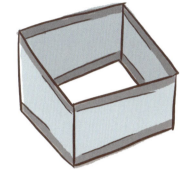

ポイント

ボールのサイズは、直径16cm程度が楽しくできます。狙って上に投げること、入ったときのうれしさがあります。バスケットボールのように、壁に跳ねさせて入れることの見本も見せてあげるといいでしょう。

『もっとやりたい！』を支えるヒント

段ゴールにひと工夫。カラーポリ袋を中に付け、少し絞りを付けると、よりボールの引っ掛かりができて、バスケットボールのゴールに近い落ち方をします。複数の段ゴールを作り、高さやサイズを変えると長く楽しめます。

もっとやりたい！またやりたい！運動あそび

縄跳びあそび

単に縄を跳ぶための道具としてではなく、縄の特性を多様に生かして、自由な発想であそびを展開していきましょう。そのなかで、順番を守ったり、友達に譲ったり、譲ってもらったりする経験を通して、協調性を育んでいきます。縄に引っ掛かって子どもが転倒しないように、安全への配慮も十分にしましょう。

挑戦してみよう！ いろいろ大縄跳び

用意する物 長縄

縄高跳び
長縄を両足で跳ぶ。徐々に高さを上げていく。

ジグザグ跳び
縄を挟んで、連続で左右ジグザグに跳び進む。

ポイント
縄を跳ぶ、ということだけにとらわれず、縄のいろいろな動きをよく見て遊ぶ体験を増やしていくようにしましょう。

『もっとやりたい！』を支えるヒント
興味のある子は、5歳児の遊び方を見て、跳んでみたいと言うかもしれません。その子に合わせて、『大波小波』などの縄跳びあそびに挑戦してみましょう。

ヘビ・波跳び

縦、横方向に縄を揺らし、タイミングよく跳び越える。

ケンパ跳び

長縄を2本平行に置き、縄の間は、ケン（片足）、縄の外側はパ（両足開く）で、リズムよく跳ぶ。

くぐり抜け

長縄を回し、縄に引っ掛からないように走って通り抜ける。縄が上がったタイミングでスタートする。

連続跳び

縄の真ん中に立ち、その場で縄を回して連続で跳ぶ。回ってきた縄が足元にきたら、つま先でジャンプする。

運動あそび

縄跳びあそび　いろいろ大縄跳び

もっとやりたい！またやりたい！ 運動あそび

縄と一体となって！ 歌に合わせて跳ぶ

用意する物 長縄

遊び方
『大波小波』や『郵便屋さん』などの歌に合わせて、揺れている縄を跳ぶ。

ポイント

歌の中で縄を揺らすパートと回すパートがありますが、初めは、揺らすだけで楽しみましょう。慣れてきたら「♪ぐるりと　まわって　ねこのめ」で、縄を回してみましょう。スムーズにいけば4回連続跳びに成功です！　大縄跳びに自信がつくでしょう。

『もっとやりたい！』を支えるヒント

『大波小波』の「♪ねこのめ」で最後にまたぐ際には、ポーズをとって気持ちよく終わりましょう。ネコのかわいい、かっこいいしぐさなど決めポーズがあると、スムーズにできた、できないにとらわれず、楽しい印象で終われます。

出発進行！ 大縄でんしゃでゴー

用意する物 長縄

遊び方

縄を電車に見立て、先頭は運転士さんになり、後ろにお客さんが乗り込む。みんなでロープを持って歩く。

しゅっぱっ！
ガタンゴトン

ポイント

走ると転びやすいので、歩くように伝えます。また、縄はU字の形で持ち、最後尾の子は開いた状態の縄を両手で持つようにします。子どもたちの息の合い方に着目して、人数や縄の数を調節しましょう。

『もっとやりたい！』を支えるヒント

駅や線路を描いたり作ったりするのもいいでしょう。少し重さがある物を引くことも楽しさにつながります。途中でお客さんを乗せたり、縄にかごを付けて荷物を入れて運んだり、ごっこあそびにもつながりやすいので、いろいろと楽しめます。

運動あそび 縄跳びあそび　歌に合わせて跳ぶ／大縄でんしゃでゴー

もっとやりたい！またやりたい！ 運動あそび

道具を使ったあそび

用具を操作しながら多様な動きを経験できるあそびです。身近にあるいろいろな物を使って、楽しいあそびになるように工夫します。子どもたちには、ちょっと難しいことに挑戦する経験も大切。
またやりたいと思えるように、子どもの特性に合ったことばがけを心掛けましょう。

フープを使って ケンケン

用意する物 フープ

遊び方
1. スタートラインを引き、20〜30cm程度の等間隔でフープを並べる。
2. 合図でスタートし、両足跳びでフープの中を跳んで渡る。
3. 跳び終わったら、走って元の位置に戻る。

ポイント
フープの間隔は、子どもの発達時期や跳び方に合わせて変更します。跳び終わって元の位置に戻るとき、跳んでくる子たちとぶつからないように、戻るルートをきちんと伝えましょう。

『もっとやりたい！』を支えるヒント
両足跳び以外にも、片足跳び、走り抜ける、カエル跳びなどいろいろな動きでも試してみましょう。またフープの位置を変えることで、いろいろな動きが引き出され、楽しむことができます。

お手玉を使って はいるかな?

用意する物 お手玉、または新聞紙で作ったボール、かご

遊び方
1. かごを用意し、地面に設置する。
2. 周りにたくさんお手玉を置き、合図でかごの中に投げ入れる。

運動あそび　道具を使ったあそび　ケンケン／はいるかな?

ポイント
お手玉がない場合には、新聞紙を丸めてボールを作ることもできます。当たっても痛くない物で代用しましょう。

『もっとやりたい!』を支えるヒント
ハイハイで玉を取って投げたり、後ろ向きで投げたり、股下から投げるなど、様々な楽しみ方ができます。また、慣れてきたら、かごの周りに線を引いて、より遠くから投げることに挑戦するのもいいでしょう。

もっとやりたい！またやりたい！運動あそび

お手玉を使って のせてお散歩

用意する物 お手玉

遊び方
1. 子どもたちが入れる大きな丸を描き、家を作る。
2. 1人1つずつお手玉を持ち、家の中に入る。
3. 頭、肩、手のひら、手の甲などにお手玉を乗せて家の外を歩く。
4. 保育者の合図で、家に戻る。

ポイント
人数が多い場合には、ぶつからないように歩く方向を指示します。

『もっとやりたい！』を支えるヒント
歩く動作以外にも、ハイハイ、高ばいなど、いろいろな動作でも楽しむことができます。子どもたちのやりたい形で遊んでみましょう。

積み木を使って 引っ越し

用意する物　積み木

遊び方

1. 間隔を数 m 空けて、2本のラインを引く。
2. ラインとラインの間に、複数の積み木を置く。
3. 子どもたちは一方のライン上に立ち、保育者の合図で、反対側のラインに積み木を避けながら移動する。

 ポイント

子どもの発達時期や参加人数によって、積み木の数を調整します。積み木がない場合には、カラー標識や空き箱など、園にあるもので代用しましょう。

『もっとやりたい!』を支えるヒント

慣れてきたら、いろいろな形に積み木を積んだり、数を増やしていきましょう。「積み木が倒れないかな、ぶつからないかな」と、ちょっとドキドキすることに挑戦するのも楽しいですね。

運動あそび　道具を使ったあそび　のせてお散歩／引っ越し

もっとやりたい！またやりたい！
運動あそび

傘袋を使って ロケット投げ

用意する物 ビニール製の傘袋、セロハンテープ、フープ

遊び方
1. 傘袋を膨らませ、セロハンテープで口を閉じて長細いロケットを作る。
2. 少し高い場所にフープをつるす。
3. ロケットを投げて、フープをくぐらせる。

ポイント
片手で投げる感覚がつかめるあそびです。フープの真下から投げると入りにくい、少し離れた場所から斜め上方向に投げると入りやすい、ということが経験できます。意識できるように、さりげなくアドバイスするようにしましょう。

『もっとやりたい！』を支えるヒント
子どもたちと一緒にロケット作りから始めましょう。絵を描く、羽を付ける、中に切った色紙を入れるなど、工夫しながら作るのも楽しいですね。

平ゴムを使って ゴムを跳んで くぐって

用意する物 イス、平ゴム

遊び方
1. イス2脚に平ゴムを結び付け、ゴムがたるまない程度にイスを離す。
2. ゴムに触らないように跳び越える。またいだり、くぐってもOK。

ポイント
ゴムなので足が引っ掛かっても転ばず、安心して遊べます。まずは、両足で恐怖心なく跳べる5cmくらいの高さで繰り返します。特に跳び越える際、子どもの目線でどの高さにあるのか、触らずに跳び越えられるかどうか、子どもの様子をよく見て、個々に合わせて声を掛けましょう。

『もっとやりたい!』を支えるヒント
慣れてきたら、ゴム跳びの場所を2、3か所に増やしたり、高さを変えていきましょう。低い高さを跳ばずにくぐってみるのもおもしろいです。複数つなげて迷路のようにしたり、忍者やスパイをイメージして、×印のようにゴムを交差させて設置しても盛り上がるでしょう。

運動あそび

道具を使ったあそび　ロケット投げ／ゴムを跳んで くぐって

もっとやりたい！またやりたい！運動あそび

伝承あそび

昔から親しまれているあそびを通して、友達とのふれあいを楽しめるようになります。また、ルールを守ったり、友達と協力し合ったりする心も育ちます。
伝承あそびは、夢中になって遊んでいるうちに、多様な動きを総合的に経験することになります。ふだんからぜひ取り入れたいものです。

おかずはなあに？ こんこんさん

遊び方
1. みんなで円をつくる。
2. おにを1人決め、円の中に入り、目をつぶって座る。
3. おにとみんなで右のような問答をする。
4. おにが「へびのいきたん！」と言ったら、みんなはおにに捕まらないように逃げる。

みんな「こんこんさん、遊びましょ？」
おに「今、寝てます」
みんな「こんこんさん、遊びましょ？」
おに「今、顔を洗ってます」
みんな「こんこんさん、遊びましょ？」
おに「今、ごはん食べてます」
みんな「何のおかずで？」
おに「へびのいきたん！」

こんこんさん あそびましょ？

運動あそび

伝承あそび　こんこんさん

ポイント

初めは、保育者がおに役をします。もう1人保育者がいる場合は、子どもたちの輪に一緒に入り問答をします。1人しかいない場合は、保育者が「みんな」のせりふも一緒に言いましょう。
また、慣れるまではタッチされてもおには保育者が担います。やりたいという子が出たときにおにを交代します。その際も、一緒に問答をしてあげるといいでしょう。

『もっとやりたい！』を支えるヒント

「今、ごはん食べてます」から「何のおかずで？」「へびのいきたん」は、最後のせりふなので、それまでの問答は変えても楽しめます。まず、保育者がおにになり、見本を示してみましょう。子どもたちなりに「今、○○をしています」を変えていきます。

もっとやりたい！またやりたい！運動あそび

お化けが来たら逃げろ！ あぶくたった

遊び方

1. 「♪あぶくたった　煮え立った　煮えたかどうだか　食べてみよう」
おにを1人決め、おにはめをつぶって座り、他の子どもはおにの周りを歌いながら歩く。
2. 「♪むしゃ　むしゃ　むしゃ　まだ煮えない」
おにの方を向き、食べるまねをする。
3. 1、2を繰り返す。
4. 「ごはんを食べて、歯磨きをして、お風呂に入って、電気を消して、さあ寝ましょ」
それぞれのしぐさをする。
5. 「トントントン」
おにには輪の外側に出て、扉をたたくしぐさをする。
6. 「何の音？」
おににたずねる。
7. 「風の音」
おにが答える。
8. 「あーよかった」
寝るしぐさをする。
9. 7の答えを変えながら、5〜8を何度か繰り返す。おにが7で「お化けの音」と言ったら逃げる。タッチされた子どもが次のおにになる。

運動あそび

伝承あそび　あぶくたった

ポイント
初めは保育者がおにを担います。保育者が1人しかいない場合は、「みんな」のせりふも一緒に言うといいでしょう。

『もっとやりたい!』を支えるヒント
地域によって遊び方が異なります。煮えて食べた後に、おにを「戸棚に入れて」と輪の外側に移動するやり方もあります。いろいろ取り入れて遊んでみても楽しいですね。

もっとやりたい！またやりたい！運動あそび

運動あそびの基本的な動き

幼児期は、生涯にわたって必要な運動の基となる「多様な動き」を習得する大切な時期です。あそびを通して、偏りなく、幅広く、動きを経験できるようにします。
基本的な動きは、大きく「移動」「バランス」「操作」の3つに分類され、経験と繰り返しで、この基本的な動きが洗練されていきます。運動あそびをする上で、知っておきたい情報・資料としてこのページをご活用ください。

移動 体の重心を移動させる動きです。全身を使うものが多く、「歩く」「走る」など、日常生活で欠かせない動きです。

バランス 体のバランスをとる動きです。「立つ」「起きる」など、生活動作に含まれるものが多く、体をコントロールして動作を安定させます。

操作 ボールを投げたり、物を運んだり、対象物の特性に合わせて、手や足、体を連動させ、コントロールしながら動かす動作です。

移動
体の重心を移動させる動き

歩く

走る

跳ぶ

跳ねる（スキップやギャロップなど）

運動あそび

運動あそびの基本的な動き

滑る

くぐる

登る・よじ登る

踏む・踏みつける

バランス
体のバランスをとる動き

立つ・片足で立つ

立ち上がる―座る・しゃがむ

乗る・跳び乗る

かわす・よける

寝る・寝転ぶ―起きる・起き上がる

回る

降りる

入り込む（箱や枠などに）

転がる（揺れる）

止まる

はう

泳ぐ・もぐる

渡る

ぶら下がる

またぐ

逆立ちする

浮く

もっとやりたい！またやりたい！
運動あそび

操作
対象物をコントロールしながら動かす動作

持つ・担ぐ・持ち上げる-下ろす

支える

運ぶ・動かす

押す

つかむ

積む・載せる

引く・引っ張る

回す

振る（縄や棒など）

投げる

受ける・捕る

打つ・たたく（ボールなど）

転がす

つく（ボールなど）

蹴る

こぐ（ブランコなど）

こぐ（乗り物を動かす）

しがみつく

おぶう-おぶさる

掘る

すくう-かける

縛る・結ぶ

見て、触って、
発見して！

自然あそび

葉っぱや花、風など、身近にたくさんの自然があります。
ここでは、その自然や季節も感じられるあそびのヒントを紹介します。
あそびの中で大切にしたいことやうまくいくコツなどの情報も満載。
自然を感じて遊び、学ぶ体験を、ぜひ子どもたちと一緒に！

見て、触って、発見して！ 自然あそび

葉っぱで遊ぶ 春・夏

新緑から落ち葉まで四季の移り変わりとともに、
様々な表情を見せる葉っぱ。
春・夏・秋・冬、一年中子どもたちが楽しめるあそびがあります。

葉っぱを感じる

葉っぱの感触、匂いを直接触れて嗅いで感じてみましょう。

葉の表と裏で感触の違いに気付きます。

長い葉っぱを裂いてみます。

葉の種類によって匂いの違いを感じます。

葉っぱのお面

大きめの葉っぱに穴を開けると、あっという間にお面の出来上がり！

ユリノキの葉っぱで作ったお面。

毛糸通し

穴を開けた葉っぱに毛糸を通して遊びます。

穴開けパンチで穴を数か所開けて毛糸を通します。アイロンビーズなど、毛糸に通す物を用意するとあそびが広がります。

自然あそび　葉っぱで遊ぶ　春・夏

ままごと

泥や砂で作って葉っぱを添えると、見た目にもおいしそうな料理の出来上がりです。

大きいカップやバケツなどで土台を作って。

ミントの葉など香りの強い葉っぱを添えることで、ままごとのイメージが広がります。

葉っぱスタンプ

葉っぱをスタンプすることで、葉脈が美しい模様となって現れます。

スタンプ台や絵の具を使ってスタンプします。

いろいろな所に貼る

柔らかい葉っぱを水につけると、いろいろな場所に貼ることができます。

トタン屋根や柱に貼って形を作るなど、様々な方法で楽しみます。

くっつく葉っぱ

ツツジの葉っぱを使っておしゃれに洋服を飾り付けます。

ポイント

付けて外してを繰り返せるので、何度も楽しめます。オナモミ類、センダングサ類、ヌスビトハギ類などのくっつく葉っぱや実を子どもたちと探してみましょう。

83

見て、触って、発見して！ 自然あそび

葉っぱで遊ぶ 秋・冬

落ち葉を集める

赤・黄・茶色、彩り豊かな落ち葉を集めてみましょう。

落ち葉入れバッグ。色画用紙に透明のビニールを巻いて袋状にし、持ち手を付けて作ります。集めた落ち葉が見えて便利です。

集めた落ち葉は、色ごとに分けて。

集めた落ち葉の茎の部分を、ひもや毛糸で結んで落ち葉の花束に。

落ち葉のアクセサリー

落ち葉にひもを通し、ネックレスやブレスレットを作って楽しみましょう。

爪ようじにひもの先端を縛り付け、葉っぱに通します。

落ち葉の冠

お面ベルトに自然物を貼り付けて、すてきな冠の出来上がり！

ポイント

ベルトに自然物を接着する方法は、セロハンテープ・接着剤・ホッチキスなどを使います。子どもの道具の扱い方の慣れ具合や素材との相性によって変えましょう。

落ち葉の通り道

落ち葉ならではの踏み心地や足音、匂いを感じられます。

迷路のようにしたり、サークル状にしたり、子どもたちが思わず歩いてみたくなる道を作ります。

落ち葉人形

落ち葉同士を組み合わせたり、段ボール板に貼り付けたりして、人形を作ります。

落ち葉と段ボール板で作ったチョウチョウ。いろいろな形と色の落ち葉を組み合わせて。

落ち葉でアート

透明のシートを木枠に貼ったり、屋根から垂れ下げたりして、キャンバスにします。アートするおもしろさを感じられるでしょう。

葉っぱの形の透明キャンバス。

> **ポイント**
> 葉っぱそのものの感触や匂いを感じたり、様々な素材と組み合わせたり、遊び方は多様にあります。その時期の葉っぱの特徴を生かして遊んでみましょう。

自然あそび — 葉っぱで遊ぶ　秋・冬

見て、触って、発見して！ 自然あそび

花で遊ぶ 春・夏

子どもたちの生活を豊かに彩る花々。
色・香り・感触、花の美しさを
存分に感じながら遊んでみましょう。

香りを楽しむ
様々な花の香りを楽しみましょう。

ポイント
春はウメやサクラなど香り高い花が咲く時季です。秋にはキンモクセイなど、その季節ならではの香りを感じてみましょう。

水に浮かべる
水に浮かべることで、花びらの美しさが際立ちます。

透明の瓶やケースに入れると、様々な角度から花びらの美しさを感じられます。

色水作り
透明だった水がきれいな色へと変化していきます。色水を作る過程も、作った後も楽しむことができます。

ポリ袋に入れてもんで、色を出します。

じょうごを使ってペットボトルに入れて。ジュース屋さんなどあそびが広がります。

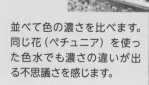

並べて色の濃さを比べます。同じ花（ペチュニア）を使った色水でも濃さの違いが出る不思議さを感じます。

花で遊ぶ 秋・冬

自然あそび

花で遊ぶ 春・夏・秋・冬

花束作り
摘んだ花を束ねて、包装紙で包みます。

ポケットにいっぱい花束を詰め込んで。きっとたくさんの人にプレゼントするのでしょうね。

ポイント
大好きな家族、先生、友達に、作った花束をプレゼントしてみましょう。花束とともに気持ちを伝える喜びを感じられるでしょう。

ドライフラワー
ゆっくりと質感や色が変化していく様子を楽しめます。生花にはない独特の質感が魅力です。

麻ひもに木製クリップを付けて、子どもが自分で扱える高さに設置します。

栽培
自分たちで育て、芽を出し花が咲く喜びを味わえます。

チューリップやクロッカスなどは、子どもたちが進級する頃に花が咲いてくれるでしょう。

ポイント
花は、美しいからこそ自然を大切にする心を育むには最高の素材です。あそびを通して子どもたちが自分で考え、判断できるようになることが大切です。

見て、触って、発見して！ 自然あそび

実で遊ぶ 春・夏

ピカピカに輝くドングリや、立派なカサのマツボックリ。
実は集めるだけでも宝物を探すようなワクワク感があります。
飾ったり、コロコロ転がしたり、製作の素材にしたり、
あそびの中でも大活躍してくれます。

集める
集めた実は子どもたちの宝物。園庭や公園、たくさん落ちている場所はどこでしょう。

拾った実を手作りバッグに入れて。

ポイント
ツルツル、ピカピカ、イガイガ、ゴツゴツした感触を、子どもと一緒に感じてみましょう。

擦り下ろす
擦り下ろすことで、感触が変化し、香りも豊かになります。

カキの実を擦り下ろして、ジュース作り。

ポイント
摩り下ろし器を使う際は、初めは保育者が一緒に行なうなど、扱い方に注意しましょう。

味わう
実をそのまま食べたり、シロップやジャムを作ったり、様々な方法で味わえます。

ウメシロップ作り。爪ようじを使ってウメのへた取りをします。

ポイント
漬け始めた日が異なる瓶を置いて、ウメのしわやシロップの色の変化に気付けるようにします。

夏ミカンジャム作り。砂糖と一緒に煮詰めていきます。

実で遊ぶ 秋・冬

自然あそび / 実で遊ぶ 春・夏・秋・冬

ポイント
ドングリの中には虫がすみついている場合があります。熱湯でゆでたり、冷凍庫で凍らせたりした後、しっかりと乾燥させてから使いましょう。

ころころ転がす
実を転がして…。何度も繰り返して楽しめます。

ドングリや輪切りにした木を転がして。

キリで穴を開け、爪ようじを刺して作ったドングリごま。

ケーキ作り
ケーキの土台にドングリやマツボックリをトッピングして楽しみます。

ドングリは種類ごとに分けて入れておきます。

いろいろな実をトッピングして、ケーキ屋さんごっこ。

木の実で製作
それぞれの実の特徴を生かして活用してみましょう。

マツボックリ人形。

接着剤の貼り絵。

木の実の足跡
画用紙を入れた箱の中で絵の具を付けた実を転がすだけで、きれいな模様を楽しめます。

89

見て、触って、発見して！
自然あそび

枝で遊ぶ 春・夏

園庭や公園に落ちている枝。
長さや太さの違いを生かしながら
様々なあそびを楽しんでみましょう。

つなげる
枝をつなげていくと道になったり、おもしろい形になったり、予想できない楽しさがあります。

輪投げ
投げる距離をどんどん伸ばして挑戦していきます。

枝の形を生かして作った、輪投げの土台。縄で作った輪で遊びます。

枝を組み合わせて
イメージを形にしたり、偶然できた形を楽しんだり、楽しみ方はそれぞれです。

家の完成！

紙粘土と組み合わせて
粘土と組み合わせることで、立体的な表現がしやすくなります。

枝を刺したり巻き付けたり、様々な方法で枝と粘土を組み合わせて遊びます。

枝で遊ぶ 秋・冬

自然あそび / 枝で遊ぶ 春・夏・秋・冬

迷路作り
空き箱に枝を貼り付けて。枝の壁で、難しさも自由自在。

モビール作り
ゆらゆらと揺れるモビール。毛糸を巻いてオシャレに飾り付けを楽しみます。

ビー玉を転がしては枝を貼り付けて。何度も調整しながら遊べます。

輪切りの枝に描く
太めの枝を輪切りにすることでキャンバスにもなります。

綿棒を筆にして細かな表現を楽しみます。

重ねて立体的な作品に仕上げました。

ポイント
枝を使って製作などをする際は、せん定バサミを使い、子どもが扱いやすい長さにしておくといいでしょう。
長い・短い・太い・細い・直線・二股など、様々な長さや形があるからこそ、子どもたちのアイディアが豊かになっていきます。

見て、触って、発見して！
自然あそび

風で遊ぶ

心地よい春風、厳しい北風、
四季折々の風を全身で感じましょう。

こいのぼり

大空を気持ちよさそうに泳ぐこいのぼり。風が強い日、弱い日の泳ぎ方を子どもと一緒に注目してみましょう。

身に付けて

アイテムがあることで、視覚的にも風を感じることができます。

スズランテープを手首に巻いたり、チラシを棒状にしてスズランテープを付けた物を持ったりして風を感じます。

築山の頂上で風を感じて。

手持ちができるこいのぼりで、走って風を感じます！

ブルーシートを縄に通します。強風が吹くとブルーシートが踊るように舞い上がります！

ダイナミックな環境で

ダイナミックな環境を用意し、風を思い切り感じてみましょう。

勢いよく回る風車。

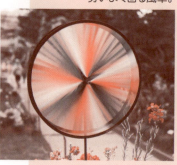

スズランテープを木にくくって。風が吹くとスズランテープが動き、パチパチと音を立てます。

> **ポイント**
> 目には見えない風だからこそ、風を視覚的にも感じられる工夫をします。そのことによって、子どもたちの知的好奇心がくすぐられるでしょう。

石で遊ぶ

丸・三角・四角、様々な形や大きさの石にたくさん触れてあそびに生かしてみましょう。

自然あそび / 風で遊ぶ／石で遊ぶ

並べる
並べて、つなげて、楽しみましょう。

「くねくねのヘビだ！」。見立てあそびとしても楽しめます。

重ねる
バランスをとりながら積み重ねて遊びます。

何個重ねられるか挑戦中！

投げる
的に向かって投げて遊びます。

ポイント
円の大きさを変えたり、得点を付けたり、子どもたちの姿に応じてゲーム性を高めると盛り上がるでしょう。

絵を描く
石を使って描いたり、石そのものに描いたり、楽しみ方はたくさんあります。

石に描いたケーキ・顔・おにぎり。

石に絵を描きます。

石を使って地面に描きます。

ポイント
石の特徴である硬さや表面の違いなど、たくさん触れて感じましょう。丸い石や平べったい石など、様々な種類があると楽しみ方が広がります。

見て、触って、発見して！
自然あそび

様々な自然あそび

葉・花・実・枝・風・石以外にも、
音、水、光、雨、虫など、子どもたちの五感を刺激してくれる自然はたくさんあります。

水を感じる

感触を味わったり、地面に描いたり、身近にある水のおもしろさも感じましょう。

水たまりの中に入って、感触を確かめています。

地面が大きなキャンバスに。水で描いては乾かすを繰り返して楽しみます。

音を感じる

耳を澄ませてみると、虫の鳴き声、草花が擦れ合う音など様々な音に気付くでしょう。

森の中で耳を澄ませて。

聴診器で木の音を聴きます。

光を感じる

光の美しさや、光と影のコントラストを楽しみましょう。

段ボールハウスの窓に、クリアフォルダーに描いたステンドグラスを付けて、色のついた影を楽しみます。

雨を感じる

雨を感じられる環境が保育を豊かにしてくれます。

雨が降るとくるくると回る水車。

塩ビ管から雨水が窓ガラスに流れる仕掛け。

ポリ袋をつるして。雨粒が流れる様子や音を楽しむことができます。

自然あそび

様々な自然あそび

木登り

木は自然のアスレチックです。何度も挑戦することで身のこなしも巧みになります。

流木を倒してバランスをとりながら渡ります。

木の上からだからこそ見える景色があります。

虫採り

息を潜めて真剣勝負。虫採りやザリガニ釣りを楽しみます！

ポイント
捕まえた生き物は、クラスで大切に飼育してみてもいいでしょう。命の大切さを感じる経験になるはずです。

サツマイモで

実を味わって、ツルを製作に使って、様々な方法で楽しめます。

「焼き芋、最高！」。

ツルを使って、リース作り。

ツルを使って縄跳び。

野菜スタンプ

野菜の断面をスタンプして、美しい模様を楽しみましょう。

タオルなどの布に絵の具を染み込ませ、それをスタンプ台にして野菜の断面に色を付けます。

野菜によって、模様の違いを楽しんでみましょう。

見て、触って、発見して！ 自然あそび

泥団子作り
泥や白砂の違いを感じながら、ピカピカの泥団子を目指します。

白砂をふるいでふるって、きめ細かなさらさらの砂にし、団子にまぶして布切れでピカピカになるまで磨きます。

氷を作る
寒い季節だからできるあそびを楽しみます。

丸いステンレス製の皿に水を入れて戸外で氷を作ります。円形の氷がたくさんできました。

様々な自然物や素材を入れて。

ポイント
地域によって、生息する動植物や発生する自然現象が異なります。それぞれの園や周囲の環境を十分に生かし、保育者も工夫しながら子どもたちの経験へつながるように自然あそびを楽しみましょう。

雪で遊ぶ
冬ならではのあそびを楽しんでみましょう。

雪だるまを作って絵の具で色を付けたり、お絵描きしたりして遊びます。

子どもと一緒にそり滑り。結構スピードが出て、びっくり！

かまくらを作ってみました！

子どもの興味から始まる！

造形あそび

子どもたちは興味をもったものに主体的に関わり、
その過程の中に深い学びがあります。
素材や道具の置き方などの環境設定を提案します。
実際に子どもたちが行なった造形あそびの事例をもとにご紹介。

子どもの興味から始まる！
造形あそび

造形あそびが豊かに発展する
環境構成と素材・道具の工夫

子どもたちの姿を予測し、どんなことに興味・関心があるのか、そして、どんな経験をさせたいのかを考えて、あそびが豊かに発展する環境構成を考えていきます。
大切なポイントは、①子どもの年齢や発達、興味・関心に合った環境になっているか。②安心して遊べ、生活しやすい空間になっているか。③様々な種類の物や素材、道具などが用意され、ある程度自由に取り出せるようになっているか、などです。
状況に応じて、常に作り変えられるような場（環境の再構成）にしたいものです。そして、子どもが興味をもったあそびの環境を、子どもたちと一緒に作っていく保育を心掛けたいですね。

環境構成のポイント

子どもたちが作りたい物に合わせた「使いたい素材」や「必要な道具」が自由に選択できるように工夫しましょう。

ポイント1　素材や道具は、種類別・用途別にしておく

素材やハサミ・セロハンテープ・のり・色鉛筆などの道具は、種類別・用途別に容器に入れておきます。どこにどの素材や道具を戻せばいいかが明確になるように、容器に写真を貼っておくといいでしょう。子どもが使いやすく、手に取れる状態にしておくことが大切です。

のりとセロハンテープは「貼る」という用途が同じなので、一つのケースに一緒に入れておくと使いやすい。場合によって、接着剤も一緒に入れておく。

写真を貼って、しまう場所を分かりやすく。

ポイント2　仕切りのある容器を使う

仕切りのある容器を使うと、素材別、色別などに分けられ、素材ごとに入れることができて便利です。

長さや場所を自由に変えられる仕切りを入れた容器。

マスキングテープ　ビニールテープ　キラキラテープ

「テープ」のカテゴリーで収納。

製氷器を活用。ビニールテープやリボンを入れるのに便利。

ポイント3　細長い物は横にして入れる

割り箸・モール・ストローなどは、立てて入れるよりも横の状態で10本くらいずつ分けて入れておくと、より使いやすくなります。入れ物は、牛乳パックで手作りした物が便利です。

牛乳パック容器の作り方

牛乳パックを縦に半分に切り、更に縦半分に切る。4分の1になった牛乳パックを2つ重ね合わせ、裏からテープで留める。

ポイント4　引き出しに収納する

引き出しの中に素材を入れる場合は、中にどんな素材が入っているのかが一目で分かるように、正面に文字や絵、写真を貼っておきます。

ポイント5　棚を有効活用する

既存の棚がある場合は、引き出しを取り除いて木枠を利用してみましょう。また、すのこを組み合わせて作ることもできます。

30cmのすのこ10枚で作成。グルーガンで接着するだけ。

突っ張り棒で補強。結束バンドで留める。

キャスターを付けると棚ごと移動ができる。

フック付きの容器をすのこに引っ掛けて、紙コップ入れにする。

100円ショップのすのこで手作りした棚。
1段目：割り箸・モール・ストロー・ダイズ類
2段目：毛糸
3段目：芯・紙皿
4段目：カラー布テープ
5段目：スズランテープ・ビニールテープ

造形あそび　環境構成と素材・道具の工夫

子どもの興味から始まる！造形あそび

素材・道具の工夫

子どもたちが使いやすいように工夫しましょう。

素材

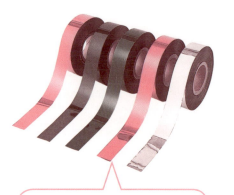

キラキラテープ
金属的な感じの、きらきら反射する素材のテープ。製作のアクセントなど、幅広く使えます。

カラービニールテープ
ビニール製の粘着テープ。色も豊富で、模様や絵にして製作物の装飾に使ってもすてきです。

スズランテープ
カラフルな色がそろっているので、ポンポン作りに、編んだりお花にしたり、工作素材としても活躍します。

30cmくらいの長さに切って、色ごとにまとめてつるしておくと、使うとき便利です。

毛糸
トイレットペーパーの芯に巻き替えておきます。毛糸が絡まりにくく、使いやすいです。

色画用紙
適度な厚みと丈夫さのある紙。色も豊富で、様々な製作に大活躍します。

色別にクリアファイルに入れておき、立てて収納しておくとかさばらず便利です。

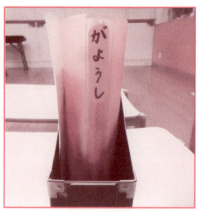

造形あそび

環境構成と素材・道具の工夫

色紙
クリアケースに色ごとに分けて収納しておくと、子どもが取り出しやすくなります。

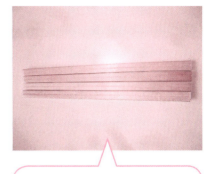

割り箸
木工製作やペープサートの絵人形作りに使えます。たくさんストックしておくと重宝します。

カラーポリ袋
色のバリエーションがあり、衣装作りに活躍します。

袋のままの状態ではなく、切り開いておくと服を作るときに使いやすいです。

空き箱
様々な形状の物をストックしておくことで、製作のアイディアが広がります。

ストロー
カラフルな色や口先が曲がるタイプの物など、たくさん用意しておくと便利です。

1～2cmの長さに切って容器に入れておくと、ひも通しをする製作に使えます。

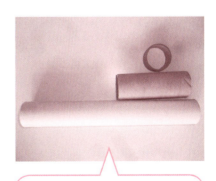

紙芯
ラップやトイレットペーパー、クラフトテープなどの芯は、様々な工作に使えます。

子どもの興味から始まる！
造形あそび

油粘土
乾燥しにくく、繰り返し使えます。伸びが良く、きめが細かいのが特徴です。

紙粘土
乾燥すると固まり軽くなります。絵の具で色付けもできるので、作品作りに適しています。

粘土は、使う分量を容器に分けておきます。

透明カップ
中が透けて見えるプラスチック製のカップ。プリンやゼリーなどのカップもストックしておくと便利です。

紙カップ
サイズや形状など、いろいろな種類があると便利。そのまま使ったり、切って使ったり、工作の幅が広がります。

紙皿
大小そろえておきます。切ったり、貼ったり、色を塗ったり、製作あそびに活躍します。

モール
細い針金が通っているので、曲げたりねじったり自由自在。草花や人形、動物などの製作に欠かせない素材です。

アズキ／ダイズ
蓋付きの密閉容器に入れて保存しておきます。使う分だけ別の容器に取り出して使います。

アズキやダイズ、米、マカロニなど、粒が小さい物は、別々の容器に入れて取り出しやすいように保存しておきます。

道具

造形あそび / 環境構成と素材・道具の工夫

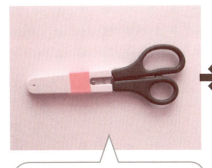

ハサミ
15人に対して6本を用意。クラスカラーのテープを貼っておくと他のハサミと区別しやすくなります。

紛失や安全対策のため、各テーブルにハサミ入れを用意し、使い終わったらキャップを閉めてハサミ入れに入れるようにします。また、左利き用のハサミも用意しておきます。

でんぷんのり
色画用紙などの紙質を接着するのに向いています。手に付いても水で洗えば落ちるので、扱いやすいです。

セロハンテープ
透明なセロハンに粘着剤が塗ってあるテープ。カッター台に入れて使うと便利です。

「貼る」という用途が同じ物は、1つのトレーに入れておきます。接着剤も一緒に入れて。片付けやすいように、写真を貼っておきます。

色鉛筆
立てておくと危険なので、横にして。複数のケースに分けておけば、各テーブルに持っていきやすいです。

塗り絵や自由画帳が入っているケースの上に色鉛筆を置いておくと、お絵描きなどするときにすぐに使えて便利です。

ペン類
容器ごとにペンの種類を分けておきます。用途に応じた場所に、そのまま持っていくことができます。

子どもの興味から始まる！
造形あそび

ハサミを使って ① 車作り

ハサミは子どもが紙を切るのに最初に使う道具です。まずは保育者がハサミの持ち方を見せ、あそびを通して、個別に持ち方・切り方を伝えるようにしましょう。

【あそびの始まり】 散歩中に道路を走っている車に興味をもち、空き箱を使って車作りが始まりました。

素材・道具の工夫とポイント

- ハサミは、15人に対して6本を用意。6本が1本ずつ立てて入る容器に入れます。
- クラスカラーのビニールテープをハサミのキャップに貼り、他のクラスのハサミと区別しやすいようにします。
- 各テーブルに1つハサミ入れを用意し、使っていないときはその中にハサミを入れるようにし、ハサミが紛失することを防ぎます。
- 切った紙くずを入れられるように小さいゴミ入れも用意すると、片付けやすくなります。

「車コーナー」環境づくりのポイント

車コーナーの環境として、保育者が窓に道路を作って掲示し、更に見本となるように車の写真や本も用意しておきます。
子どもたちが作った車も道路の近くに置ける場所を作ります。

窓に車の写真と道路を作って掲示

子どもたちが作った車を置く場所

1 自分のイメージしている車に合う箱を選ぶ

牛乳パックやティッシュペーパーの空き箱などが使いやすいです。様々な形の物を豊富に用意しておきます。

> 空き箱は保育者が用意する場合もありますが、保護者の方にも協力していただくことで、いろいろな形の箱が集まります。

2 箱にテープで色をつける

布テープ・ビニールテープ・キラキラテープなどを切って箱につけるためにテープを切る必要性が生まれ、しぜんにハサミを使う姿につながり、「切る」「貼る」の繰り返しを楽しみます。

> テープは様々な色を用意しておくことで、子どもが自分のイメージに合った色を選択することができます。
> 3歳児はテープで貼るということにも興味が湧くので、様々なテープ類を用意しておくと「貼る」ということを楽しむようになります。また、布テープやビニールテープなどは手で切ることができないため、しぜんとハサミを使って切るという姿につながります。

布テープを切る

貼る

ビニールテープを切る

> 布テープはハサミの中央を使う、ビニールテープは、刃先を使うなど、テープの種類によってハサミの使い方が異なります。使っていくうちにハサミの特性にも気付いていきます。

キラキラテープを切る

貼る

> キラキラテープは子どもだけで切ることが難しいので、保育者がテープを伸ばした状態で持ち、子どもに切ってもらうようにすると切りやすくなります。

キラキラテープを貼った車

造形あそび ハサミを使って

3 車のマークを作る

車の全体像が完成すると、車の細部を作っていきます。特にマークやナンバープレートを作る子どもが目立ちます。マークを作るのに画用紙を切る姿が見られます。

> マークには丸、三角、四角など、様々な形が使われているため、形を切る経験にもつながります。

画用紙を切る

マークを付けた車

発展 道路を作りたい！

車が完成すると、道路への興味につながり、画用紙を細長く切って道路作りを楽しみます。また、道路をつなげたいという思いから、セロハンテープを使って棚の上に道路を貼り付けていきます。

細長く連続して切る

セロハンテープで貼る

作った道路に車を走らせて遊ぶ

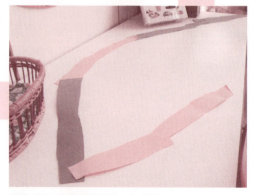

細長く切った色画用紙をつなぎ合わせる

ハサミを使って ② スカート作り

【あそびの始まり】プリンセスが好きな女の子の「お姫様になりたい」という思いから、スカート作りが始まりました。

1 スカートを作る

大きなカラーポリ袋は切るのが難しいので、小さく切った物を用意しました。最初は保育者がカラーポリ袋を切る姿を見せ、どのように切るかを伝えます。保育者が切っている姿を見ることで、自分でも切ってみたいという思いが生まれカラーポリ袋を切ることに挑戦していきます。最初は一人で切ることが難しいため、保育者がカラーポリ袋を引っ張るようにして持つと、切りやすくなります。

カラーポリ袋を切る

定期的に5歳児と造形あそびを行なうと、しぜんとまねる姿が見られる

まずは小さく切ったカラーポリ袋から挑戦！

5歳児がカラーポリ袋を切る姿を見せ、切り方の見本、難しい部分を手伝うと、自分で切りたいという意欲をかり立てます。保育者の援助や5歳児の姿を見て、子どもたち同士で手伝う姿も見られるようになります。

子ども同士で手伝う、こんな姿も！

2 飾りのリボン作り

リボンを切るときの援助もカラーポリ袋と同様で、まずは保育者が見本を見せます。子どもが自分で切りたいと思ったとき、切りやすいようにリボンの端を持って援助します。

リボンを切る

ハサミの奥の方を使うようにすると切りやすいと、気付く

造形あそび ハサミを使って

子どもの興味から始まる！
造形あそび

絵の具を使って

色水を作って色の変化を楽しみ、子どもたちが絵の具に親しめるようにしましょう。

【あそびの始まり】戸外で拾った花を水と一緒にポリ袋に入れて、色水作りを楽しむ姿がありました。戸外での色水作りから興味がジュースへと広がり、室内にも色水で遊べる環境を用意しました。

素材・道具の工夫とポイント

- 絵の具と筆、バケツは同じ所に置いておきます。
- 絵の具はキャップ側を奥にして横に収納すると、子どもが取りやすく、色も分かりやすくなります。
- 箱の中に仕切りがあり、1本ずつ入るようになっています。

戸外で色水作りを楽しむ子どもたち

1 絵の具で色水を作る

透明なコップ・ストロー・絵の具を用意し、コップに絵の具を入れ、そこに水を入れて色の濃さや量を調節します。

造形あそび

絵の具を使って

みんなで色水作りを楽しむ

透明なコップに絵の具を入れる

牛乳パックに水が入っているから便利！

こぼさないように、慎重に水を入れています！

ペットボトルや牛乳パックに水を入れてテーブルに置いておくと、水道のある所まで行かなくても、その場で水を入れることができます。

2 色を混ぜて楽しむ

コップに複数の色の絵の具を入れ、水を入れてストローで混ぜていきます。絵の具は様々な色を用意しておくと、子どもたちが自由に好きな色を混ぜて楽しめます。また、ペットボトルで作る場合は、絵の具と水を入れた後にキャップを閉めて振ると、色が混ざっていく変化を見ることができます。

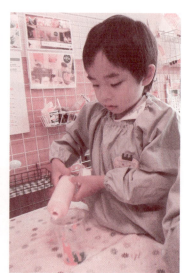

ペットボトルに絵の具と水を入れる

ピンクの色水に黄緑色の絵の具を入れて振ると、薄い黄土色になった！

ストローでくるくる混ぜる

色水がこぼれないように、コップの上にセロハンテープを1枚ずつ貼っていき、蓋にしていく

発展 ジュース屋さんごっこ

絵の具で作った色水をジュースに見立てて遊ぶ姿から、ジュース屋さんができる環境を室内に設置すると、ジュース屋さんごっこに発展していきました。

色水のジュースは、遊んでいると水がこぼれてしまい、ごっこあそびに適していなかったので、スズランテープで作ったジュースでごっこあそびを行ないました。

棚の上に子どもたちが作ったジュースやメニュー表などを置いて、よりリアルなジュース屋さんを作りました。

本物のジュース屋さんを再現するため、ジュースをクリアケースに入れて、ケースにポップを付ける工夫をしました。

造形あそび

絵の具を使って

スズランテープで作ったジュース

ジュース屋さんに本物のジューサーを用意

子どもの興味から始まる！
造形あそび

粘土で遊ぶ

油粘土は、感触や様々な手や指先を使ったあそびに広がります。また、紙粘土に触れる前の導入的な要素としても取り入れられます。

1 油粘土を使って、丸める・伸ばす・こねる・切るを楽しむ

何度も作り直すことができ、自分のイメージしている物を自由に作ることができます。丸める・伸ばす・こねる・切るなど、様々な手の動きがしぜんと生まれます。

油粘土は、使う分だけタッパーなどのケースに入れておきます。

丸める

伸ばす

こねる

切る

細く長く伸ばす

最初に油粘土を使うときは、何かを作ることよりも保育者が、丸める・伸ばすなどの動きを一緒に行ない、粘土の性質に気付けるようにします。

2 紙粘土に触れる・色をつける

油粘土で様々な動作を楽しみ、子どもたちがイメージをもって何かを作り始めたら、紙粘土を出してみます。
紙粘土は色がつけられるという特性があるので、絵の具も一緒に用意し、まずは紙粘土に色をつけることを楽しみます。紙粘土と絵の具を混ぜて楽しむこともできます。

紙粘土は時間が経つと固まるので、作る物のイメージがない段階や粘土の特性を知らないうちは、使いこなすのが難しいです。

造形あそび　粘土で遊ぶ

右のタイプの絵の具を用意。子どもが自分で絵の具の量を調節して出すことができます。

絵の具の量によって色の濃さが違うなど、自分で経験しながら紙粘土に色をつけていきます。

3 型を抜いてから色をつける

様々な形の型抜きを用意し、いろいろな形を作ることでイメージが広がります。

最初に絵の具と紙粘土を混ぜて着色する経験をしているため、次は「紙粘土に絵の具を塗る」経験をします。

型を抜く

様々な形の型抜きを用意しておきます。

絵の具で色をつける

4 イメージした物を作り色を塗る

型抜きで、様々な形を作る経験をしていると、次に自分の好きな形や物を作るようになります。

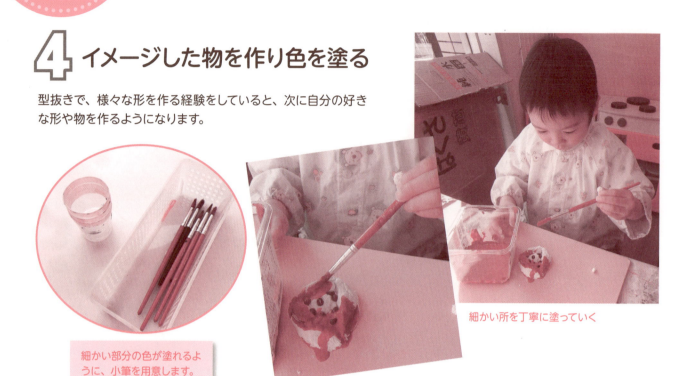

細かい所を丁寧に塗っていく

細かい部分の色が塗れるように、小筆を用意します。

5 紙粘土に飾りを付ける

アズキ、ビーズ、マカロニ、スパンコールなど、たくさんの種類を用意すると、装飾が楽しめます。

おいしそうなお菓子ができました！

仕切りのあるケースに入れたり、種類ごとに分けたりして用意しておくと使いやすいです。あまり量は多く出さず、そのときに使う分を用意するようにします。

発展 お菓子屋さんごっこを楽しむ

作った物を使って楽しむ姿が出てきたら、ごっこあそびにつながる可能性もあります。粘土でお菓子をたくさん作っていたら、しぜんとそのお菓子を使って食べるまねをしていたので、お店屋さんができる環境を用意しました。

造形あそび／粘土で遊ぶ

作ったお菓子をままごとコーナーのお皿に並べて楽しんでいます。紙粘土で作った物をままごとの中で使うと、あそびが広がります！

紙粘土のお菓子を食べるまね

お菓子屋さんごっこを楽しむ

「お菓子屋さんごっこ」環境のポイント

紙粘土で作ったお菓子を、小さい棚で魅力的に飾ります。子どもの背の高さや目線に合ったサイズで使いやすくします。
紙粘土で作ったお菓子を棚の上に並べるだけでも、お菓子屋さんごっこの環境になります。

子どもの
興味から始まる！
造形あそび

ごっこあそび ① 食べ物屋さんごっこ

子どもの観察力や想像力、演技力、社会性、コミュニケーション力など様々な能力が育まれる「ごっこあそび」。楽しくあそびが広がるようにしましょう。

【あそびの始まり】保育者が「ごっこあそび」のコーナーに見立てられる素材として、様々な形や色のフェルト、花はじきなどを用意しておくことで、素材を組み合わせて食べ物に見立てて楽しむ姿が出てきました。

「食べ物屋さんごっこ」環境づくりのポイント

メニューの展示
ままごとの環境に、本物のレシピ本を用意し、メニューの写真も壁に貼って展示。

フェルト
食べ物に見立てやすい、角のない三角（緑・オレンジ・赤）、大きな丸（緑・白）、四角（黄色・黒）をそろえます。

リング
白は麺に見立て、色付きは具材のトッピングなどに使えます。

花はじき
白は、ご飯や麺に見立て、色付きは様々な食べ物に使えます。
太いひもに、花はじきを10個ほど通して結んだ物を用意しておきます。

1 フェルトで見立てて遊ぶ

フェルトを使って食べ物を作り、見立てて楽しむ姿が多く見られました。

造形あそび　ごっこあそび

お子様ランチ
ご飯に見立てた白い丸の上に、ハンバーグに見立てたフェルトを載せる。三角はニンジン

ショートケーキ
スポンジに見立てた白いフェルトの上に、三角のイチゴを載せる

オムレツ
大きな丸いフェルトの中に、具に見立てたフェルトを包む

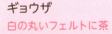

ギョウザ
白の丸いフェルトに茶色のフェルトを包む

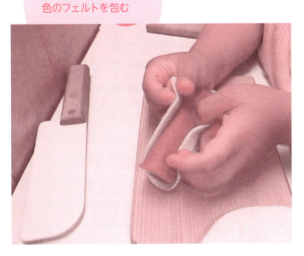

オムライス
四角いフェルトを筒状にして、上に赤の三角を載せる（トマトケチャップのイメージ）。奥は野菜の添え物

2 毛糸をプラスして遊ぶ

フェルトで見立てて楽しむ姿が多く見られたので、新たな素材として毛糸で三つ編みにした物を用意しました。オレンジ・白・黄色を用意すると、毛糸を様々な麺に見立て、麺料理を作って楽しんでいます。

毛糸を色分けして容器に入れ、容器の蓋に毛糸の写真を貼り、片付けやすくします。

チャーシューメン
茶色のフェルトをチャーシューに見立てて作る

しょうゆラーメン
掲示してある、しょうゆラーメンの写真を見てまねて作る

みそラーメン
太い黄色い毛糸から、みそラーメンを連想して作る

うどん
白い毛糸をうどんに見立て、フェルトでトッピング

3 ラーメン屋さんごっこ

麺料理の中でも、特にラーメンに興味をもち始めたので、よりラーメン屋さんごっこを楽しめる環境を用意しました。

素材と一緒に箸とレンゲも用意。

ままごとコーナーにラーメンの写真を掲示。また、ラーメン作りが楽しめるように、毛糸やフェルトを種類別に容器に入れ、写真が掲示してある場所に棚を置き、棚の上に素材を並べて置きました。

ごっこあそびの中でしぜんと箸を使う姿も！

ラーメンの写真を見ながら、同じように素材で表現します。

フェルト・毛糸の麺以外にも、カラーポリ袋で作ったエビなどもラーメンのトッピングとして用意しました。エビは、カラーポリ袋で子どもたちと一緒に作ります。

4 ラーメン屋さんの看板作り

看板作りを、子どもたちと一緒に行ないました。

子どもたちが作った看板の上に、保育者が作ったメニュー表を貼りました。

保育者が書いたラーメンの文字の中に、ちぎった画用紙を貼っていきます。文字を書くのが難しい年齢でも、ちぎって貼ることで文字を表現することができます。

箱積み木で、ラーメン屋さんのカウンターを作りました。

造形あそび / ごっこあそび

5 もっと「ごっこあそび」を楽しむ

子どもたちがもっと楽しめるように、よりリアルに
遊び込めるように、様々な工夫をしてみました。

ラーメン屋さんになり切れるように黒いタオルを用意。タオルを頭に巻いて、店員さんになり切ります。

段ボール板にビニールテープを巻いてざるのように針金を取り付け、毛糸を麺の湯きりを保育者が作って用意。器に麺を入れる前に「ゆでる」「湯きりを行なう」姿が出てきました。

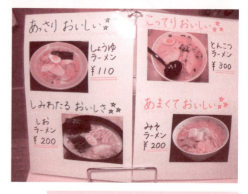

メニューの写真のように、リングをネギに見立てて同じラーメンを表現。

保育者がラーメンのメニュー表を用意。ラーメンの写真に、名前と値段とキャッチフレーズを書きました。

6 更にパワーアップした見立てあそび

ラーメン屋さんごっこを楽しむうちに、ギョウザなどの中華料理にも興味をもち、様々な素材を
組み合わせて料理を再現し、更に見立てて遊ぶことを楽しみ始めました。

白いフェルトに黄緑のカラーポリ袋で作った野菜を包んでギョウザを作る

ごっこあそび ② 美容院ごっこ

【あそびの始まり】散歩中に美容院をしぜんと目にします。室内でも友達同士で髪の毛を触り合う姿があったため、髪の毛をアレンジできる道具を用意。髪の毛を結んだり、ピンで留めたりして楽しみ、美容院ごっこへとつながっていきました。

美容院の前を通ると、中の様子をのぞいて美容師さんの姿を観察

「美容院ごっこ」環境づくりのポイント

道具ごとの写真を貼っておくと、片付けをするときに便利です。

台の上に鏡を置き、その前にイスを置いて簡易的なドレッサーを設置します。

くし・ヘアゴム・カーラー・ヘアピンなどを分類し、専用の容器に入れておきます。

太めのゴムが結びやすいです。ゴムの容器にも写真を貼ります。

子どもの興味から始まる！
造形あそび

1 髪飾りを作って楽しむ

様々な素材で作って飾ります。友達同士で髪飾りを付け合ったりして楽しむ姿が見られます。

花はじきの髪飾り。太めのゴムに通して作ります。

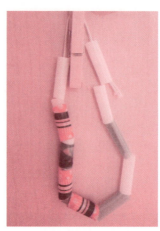

ストローの髪飾り。細いゴムにストローを通します。

壁に掛けて飾ります。木製の洗濯バサミに、ひっつき虫（粘土のような接着剤）を付けて壁に掛けました。

ストローで作った髪飾りをオブジェのように掛けてみました。

鏡の前で自分の髪型を確認

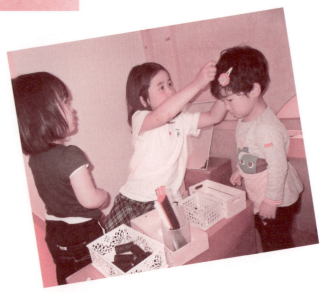

ヘアピンを頭に付けていろいろな髪型を楽しむ

2 かつらで楽しむ

様々な髪型にして楽しむ姿が見られたので、毛糸で作ったかつらを用意しました。100円ショップで売っている発泡スチロール製のマネキンにかつらを付けて飾ります。マネキンにかつらを付けた状態で、髪の毛にピンを付けてアレンジを楽しんだり、実際に子どもがかぶったりして遊んでいます。

造形あそび / ごっこあそび

かつらに花はじきの髪飾りを付けました。

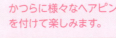
かつらに様々なヘアピンを付けて楽しみます。

かつらにストロービーズを付けてみました。

かつらの横に、子どもたちの髪型のカタログを用意しました。

かつらを頭に付けて

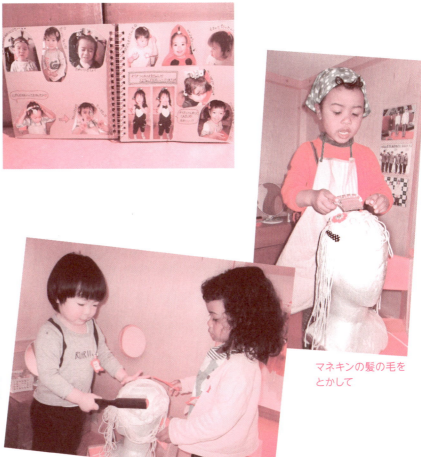

マネキンの髪の毛をとかして

子どもの興味から始まる！造形あそび

立体物を作る ① 楽器

様々な素材を使って、自分のイメージしている物を作り上げていく楽しさを味わえます。

【あそびの始まり】紙コップの中にマカロニを入れると音がするということに気付き、マラカス作りが始まりました。そこから「楽器」へと興味が広がり、楽器作りへとつながっていきました。

1 発見！ 音が出る！

造形コーナーの素材がいつでも手に取れる環境にあり、子どもたちが素材を手にしながら「試す」姿が生まれます。

種類ごとに瓶に入れておきます。

紙コップにマカロニを入れてみる

上にもカップを付けて蓋をする

振るとシャカシャカ音がする！

2 いろいろなマラカスを作る

素材を組み合わせることのおもしろさや、音が出る物への興味が湧くように、中に入れる素材を数種類用意する。

マラカスの中に入れる素材として、マカロニ・ダイズ・アズキ・小さく切ったストロー・生米などを用意。容器は、紙コップ・プリンやゼリーのカップ・ペットボトル・牛乳パックなどをそろえ、いろいろなマラカスを作れるようにしました。

カップの中にストローを入れたマラカス

様々な素材で作ったマラカス

3 いろいろな楽器を作る

マラカス作りをきっかけに、楽器への興味が広がっていきました。楽器の写真の掲示や、楽器の本、本物の楽器を用意。楽器の種類も知ることができ、子どもたちがそれぞれ好きな楽器を作っていく姿へとつながっていきました。

造形あそび　立体物を作る

太鼓

廃材の箱に画用紙やビニールテープ、カラー布テープを貼って作ります。
（使った素材：廃材の箱・色画用紙・ビニールテープ・布テープ・モール）

箱に色画用紙を貼って

モールで飾り付けた太鼓

色画用紙を貼った箱に布テープを貼って

作った太鼓はいつでも使える所に置いています。

シンバル

発泡スチロールを使って作ります。
(使った素材：発泡スチロール・紙コップ・モール・ビニールテープ)

四角の発泡スチロールに色を塗る

発泡スチロールに紙コップを付ける

紙コップにモールを付け、持つ部分を作る

タンブリン

セロハンテープの芯で枠を作ってモールや毛糸で巻き付け、鈴を付けて作ります。
(使った素材：セロハンテープの芯・モールや毛糸・鈴)

芯を3個用意

切れ目を入れる

クラフトテープでつなげる

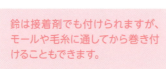
枠にモールや毛糸を巻きつけ、鈴を付ける

鈴は接着剤でも付けられますが、モールや毛糸に通してから巻き付けることもできます。

4 作った楽器を使って演奏会

帰りの会や歌の時間に、作った楽器を使える環境をつくることで、作った後に使う楽しみができます。普段からうたっている歌や親しんでいるダンスと一緒に、楽器を使って音を鳴らすことを楽しみました。

造形あそび

立体物を作る

楽器作りを行なっていなかった子どもも、友達が楽器を使って楽しく演奏している姿を見て、楽器作りに参加するようになりました。

手作り楽器を使った演奏会が盛り上がっていたので、室内に簡易的なステージを作りました。

不織布で作った赤いカーテン！カーテンがあると、より本物らしいステージになります。

演奏会の練習中

子どもの興味から始まる！
造形あそび

立体物を作る ❷ 電車

【あそびの始まり】電車が好きな男の子を中心に、自分の電車が作りたいと、牛乳パックを使用した電車作りが始まりました。

1 車体を作る

画用紙やビニールテープなどを牛乳パックに貼り、自分のイメージした色にします。

セロハンテープを切る

画用紙を貼る

ビニールテープを貼る

> 画用紙を切って貼るということから、しぜんとハサミとセロハンテープを使う経験につながります。

2 車輪を作る

クラフトテープやセロハンテープの芯を使って、電車の車輪にします。車輪は、セロハンテープやビニールテープで付けます。

クラフトテープの芯の車輪

セロハンテープの芯の車輪

> セロハンテープとビニールテープは、幅が細いので、芯の中にテープを通して貼ることができます。

3 電車を連結させる

電車同士をつなげたいという子どもたちの思いから、磁石を用意しました。牛乳パックの底に磁石を付けて連結させます。

> 使う分だけ四角い磁石を容器に入れておきます。

みんなで遊ぼう！

伝承あそび

昔から親しまれている楽しいあそびを紹介します。
それぞれのルールや遊び方、作り方を参考にして、
子どもたちと一緒に楽しんでみましょう。
工夫次第で新しいあそびに広がります。

みんなで遊ぼう！ 伝承あそび

お手玉で遊ぼう

昔ながらの遊び方はもちろん、工夫次第で新たな遊び方が楽しめるお手玉。
子どもの発達年齢に合わせて、工夫してみましょう。

投げてキャッチ

- 片手でお手玉を投げ、同じ手の甲でキャッチ。
- 片手でお手玉を投げ、反対の手の甲でキャッチ。
- 1個ずつお手玉を持ち、同時に投げて両手でキャッチ。
いろいろな方法で挑戦しよう。

つかんでキャッチ

床に数個のお手玉を置く。1個のお手玉を持って上に投げ、落ちてくる前に床のお手玉をつかんで、そのまま手の甲でキャッチ。できるだけたくさんのお手玉をつかんでからキャッチできるように頑張ってみよう。

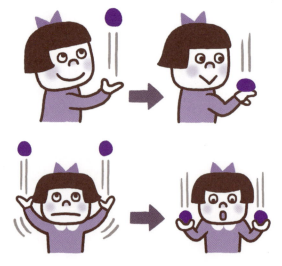

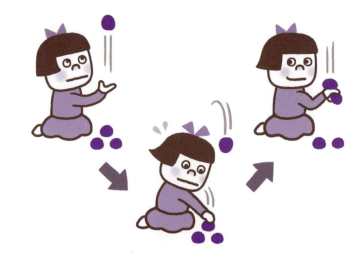

歌に合わせてお手玉渡し

みんなで輪になって座り、1人1個のお手玉を持つ。歌いながら、全員同じタイミングで右隣の子にお手玉を渡していく。『うさぎとかめ』などみんなが知っている歌で、ゆっくりした曲から始めてみよう。

ビー玉・おはじきあそび

昔懐かしいビー玉とおはじきを使って、ゲームを楽しんでみましょう。
単純だけど、白熱すること間違いなし！

ビー玉落とし

床に数個のビー玉を置き、2人で交代しながら、目の高さからビー玉を落として命中させる。ビー玉が飛び散ってもいい広い場所で行なう。

ビー玉当てゲーム

床にテープなどで5cm四方の枠を作り、3個のビー玉を置く。枠の外から中のビー玉を狙って指ではじき、命中して枠の外に出たらそのまま続け、外したら交代。3〜4人で遊び、ビー玉が全部枠の外に出たらゲームは終わり。

おはじき当て

床におはじきを散らばせておき、2〜5人で遊ぶ。自分のおはじきを1個決めて指ではじき、当たったおはじきをもらう。交代しながら繰り返していき、当てるおはじきがなくなるまで続け、おはじきをいちばん多く取った子の勝ち。

おはじき崩し

おはじきを山のように積み上げて小さめのテーブルに置く。指でおはじきを押さえながら、テーブルの外に落とす。途中で音が鳴ったり山が崩れたりしたら交代。いちばん多くのおはじきを取った子の勝ち。

※子どもが口に入れないように注意しましょう。

みんなで遊ぼう！
伝承あそび

やじろべえを作ってみよう

細い棒の先だけで支えられているのに、揺らしても簡単に倒れないって不思議ですね。
身近な素材でやじろべえを作って、楽しんでみましょう。

やじろべえは、なぜ倒れにくい？

やじろべえは、左右の腕の先に付いた重りが支点より下にあるので、やじろべえの重心は支点より下にくる。やじろべえが揺れて重心の位置がずれても、重力に引っ張られて真下に引き戻されるので、傾きが自動的に修復され、倒れにくくなる。

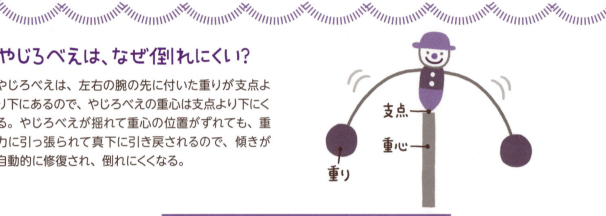

ドングリでやじろべえを作ってみよう！

① 公園などで、ドングリと木の枝を拾い集めておく。ドングリの中にはゾウムシの幼虫がいることがあるので、ドングリを蒸したり煮たりした後、乾燥させて作る。

② キリを使って、ドングリのお尻に1か所、腕の部分に2か所、棒を刺すための穴を開ける（穴開けは保育者が行なう）。

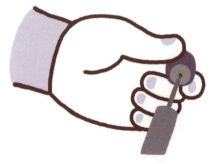

③ ドングリのお尻に短い枝を、同じくらいの長さの枝を腕の部分に刺す。手の先に穴を開けた重りのドングリを付ける。

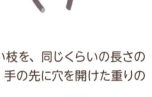

④ 指に乗せてみてバランスを調整する。やじろべえの腕に付けたドングリは、真ん中の枝よりも下になるようにする。

楽しい坊主めくり

百人一首を使ったあそびの中で、いちばん親しまれている坊主めくり。
歌を知らなくても、文字が読めなくても、ゲーム感覚で誰でも気軽に楽しめます。

遊び方
1. 絵札をよく切って裏返しにして置く（山札）。2つの山に分けると取りやすい。
2. 順番に山札の上から取っていく。取った札は自分の物になり、手元に置く（持ち札）。
3. 山札がなくなって、最後に持ち札が最も多い人が勝ち。

ルール
自分の引いた札が、
- 男性札の場合、自分の持ち札に。（頭に頭巾をかぶった「蟬丸（せみまる）」という坊主も男性札とする）
- 女性札の場合、自分の持ち札にして、更にもう1枚取る。
- 坊主札を引いたら、持ち札を全て捨てる。

※その他の異なるルール
- 女性札を引いたら、みんなが捨てた札を全部もらえる。

伝承あそび

やじろべえを作ってみよう／楽しい坊主めくり

みんなで遊ぼう！伝承あそび

けん玉のコツ

けん玉の大皿に乗せる基本的な技、「大皿」のやり方とコツを紹介します。
「中皿」「小皿」にも挑戦してみましょう。

「大皿」の技に挑戦してみよう！

① ペンを持つように親指と人さし指でけんを挟み、中指と薬指を皿に掛けて持つ（大皿、中皿、小皿など、皿に乗せる技の持ち方）。

② 右手持ちの場合、右足を前に出して腰をやや落とす。けん先は斜め下に向け、へその前あたりで構える。

③ 更に膝を曲げて腰を落とし、すぐに立ち上がりながら玉を真上に胸のあたりまで引き上げる。

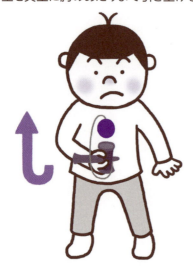

④ 玉が十分に上がったら、玉の真下に大皿を回し込むようにして受ける。このとき玉の衝撃を吸収するように腰を落として、大皿を水平に保つようにする。

成功させるコツ
- 玉を真上に引き上げるようにする。
- 糸がたるんでから、けんを動かす。
- 膝のクッションを利用して、玉の衝撃を和らげる。

紙鉄砲を作って遊ぼう

びっくりするくらい大きな音が出る紙鉄砲。
新聞紙1枚でできるので、たくさん作ってみんなで遊んでみましょう。

伝承あそび

けん玉のコツ／紙鉄砲を作って遊ぼう

作り方 （用意する物：新聞紙1面分）

① 新聞紙を縦半分に折って折り筋を付け、その筋に向かって4つの角を折る。

② 上下を折り重ねる。

③ 半分に折る。

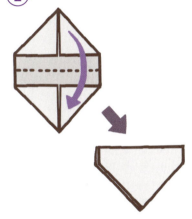
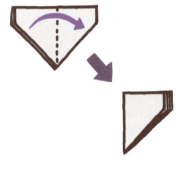

④ 重なった一方を広げながら折る。

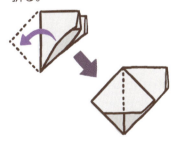

⑤ ④で広げた部分を三角に折る。

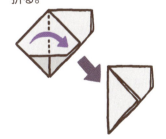

⑥ 反対側も④⑤と同じように折る。

持っ所

遊び方

- ★の所を持って、上から下に向かって思い切り振る。
- 音が鳴って新聞紙が広がったら、④〜⑥のように折り直すと、繰り返し遊べる。
- いちばん大きな音が出た人、早く音が鳴った人が勝ちなど、ルールを決めても楽しめる。

パンッ！

みんなで遊ぼう！伝承あそび

紙トンボで遊ぼう

竹トンボもありますが、厚紙や牛乳パックで作る紙トンボを紹介します。
簡単にできるので、みんなで作って飛ばしてみましょう。

作り方　（用意する物：厚紙または牛乳パック、ストロー）

① 厚紙または牛乳パックを縦2cm、横18～20cmに切り、中央に印を付ける。

② ストローの先に、1cmくらいの切り込みを入れ、4等分して広げる。

③ 印を付けた所に、ストローの先をホッチキスで留めて出来上がり。

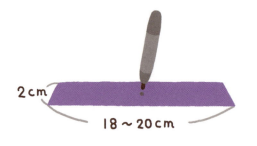

遊び方

ストローを両手の手のひらで挟み、こすり合わせるように回して飛ばす。飛ばすときは周りに人がいないか確認して、人に当たらないように気を付ける。
羽の部分をねじったり、形を変えたりすると飛び方が変わるので、いろいろ試してみよう。

トントン紙ずもう

好きな力士の絵を描いて作ってみましょう。
はっけよーい、のこった、のこった！　勝負です。

伝承あそび

紙トンボで遊ぼう／トントン紙ずもう

力士の作り方　（用意する物：画用紙）

20㎝×5㎝くらいの画用紙で輪を作り、好きな絵を描いて切り取った力士を貼り付ける。

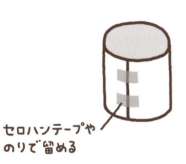

セロハンテープやのりで留める

遊び方

空き箱などを台にして、土俵を描く。2体を向かい合わせ、箱を指でたたいて対決。倒れたり、土俵からはみ出したりしたら負け。

みんなで遊ぼう！
伝承あそび

クルクル回るよ風車

色紙とストローでできる簡単風車。クルクルとよく回ります。
たくさん作って風が当たる場所に飾ってもいいですね。

作り方 （用意する物：色紙、曲がるストロー、爪ようじ）

① 色紙を折って対角線に折り筋を付け、中心から1.5cmくらい残し、4本の切れ目を入れる。

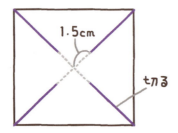

② 中心にのりをつけ、色紙の端を順に貼り付ける。

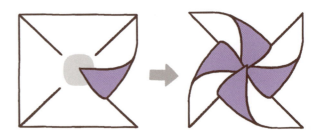

③ のりが乾いたら、中心に爪ようじを刺す。セロハンテープで根元を固定してもOK。

④ ストローを爪ようじに差し込んで、出来上がり。

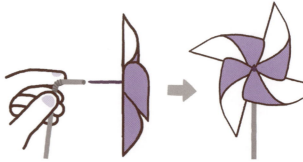

遊び方 ストローを持って走ると、風車が回る。戸外で楽しんでみよう。

親子で作るでんでん太鼓

竹箸をこすり合わせるように回すと、とってもいい音がします。
作り方が少し難しいので、親子活動の行事に取り入れてみてはいかがでしょう。

伝承あそび

クルクル回るよ風車／親子で作るでんでん太鼓

作り方　（用意する物：クラフトテープの芯、和紙、丸竹箸、たこ糸、ビーズ）

① クラフトテープの芯に、千枚通しなどで4か所穴を開け、1か所のみ大きめに開ける。保育者が用意しておく。

② 大きめに開けた穴に竹箸を回しながら差し込み、上の穴に引っ掛けて木工用接着剤で固定する。

③ 横の穴からたこ糸を通し、真ん中の竹箸に2周させてから反対側の穴に通す。

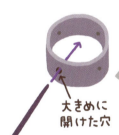

④ クラフトテープの芯より1cmくらい大きめに切った和紙の裏にのりを全体につけ、芯を載せる。和紙がピンと張るようにし、反対側も同様に貼り付ける。

⑤ のりがしっかり乾いたら、たこ糸の先にビーズを付ける。

⑥ 太鼓の縁を、色紙や千代紙で飾って出来上がり。

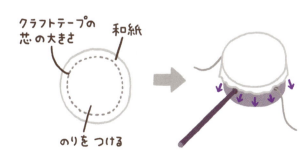

みんなで遊ぼう！伝承あそび

たこ揚げのコツ

1人で、2人でたこ揚げするコツを紹介します。
たこ揚げに適した場所と天候を選んで、トライしてみましょう。

1人でたこを揚げるコツ

① 必ず自分が風上、たこが風下になるように立つ。たこから50cm～1mくらいの位置で糸を持ち、軽く糸を引いたり力を弱めたりしながら加減し、たこが風に乗る感じをつかむ。

② ある程度の風があれば、そのままの状態でも揚がり、どんどん糸を出していく。あまり風がないときは、走りながら少しずつ糸を出すようにする。

2人でたこを揚げるコツ

① 1人で揚げるときと同じように、たこを持つ人は、風下に立つ。揚げ役の人は風上に立ち、糸をすぐに出せるような状態で待機。2人の距離は5mくらいが良い。

② 声を掛け合って、ゆっくり走り始める。ある程度たこが風を受けるようになったら、持ち役の人は手を離す。たこのバランスを見ながら糸をコントロールする。

成功させるコツ
- 糸を引いたり、緩めたりするときの力加減が大切。
- 2人でうまくいかないときは、距離を変えてみたり、走る速度に変化をつけてみる。
- 少し風がある晴れた日がおすすめ。また、広くて安全な場所で遊ぶ。

羽根突きをしてみよう

1人で遊ぶ「揚羽根」と2人で遊ぶ「追羽根」を紹介します。
何回続けられるか数えたり、みんなで競い合ったりしても楽しいでしょう。

伝承あそび — たこ揚げのコツ／羽根突きをしてみよう

遊び方1
1. 1人でやる「揚羽根」あそび。羽子板と羽根を1つずつ持つ。
2. 何回落とさずに打ち上げることができるかを競う。

遊び方2
1. 2人で行なう「追羽根」あそび。羽子板をそれぞれ1枚ずつ持ち、2人で向かい合う。
2. どちらかが打ち損なうまで続ける。

みんなで遊ぼう！伝承あそび

こまの回し方

ひもの巻き方、こまの回し方を覚えてみましょう。
コツさえつかめば、きっと、上手に回せるようになります。

こまの回し方
（右利きの場合で説明。左利きの場合は逆の手足。）

① ひもの輪をこまの表側の軸に掛ける。

② ひもをピンと引いて裏に回す。

③ 最初にひもを強く引っ張りながら時計回りに2〜3周、軸にしっかりと巻き付ける。

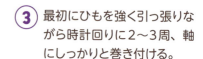

④ 力を入れすぎないようにして、ひもが重ならないように丁寧に巻いていく。

⑤ 巻き終わったら、指でしっかりひもを押さえたまま、右手に持ち替える。

⑥ 小指、薬指、中指でひもを握ってこまを下から支え、人さし指と親指で挟むようにしてこまを持つ。

⑦ 左足を前に出し、腕を前方に出す。

⑧ 右上後方に振りかぶって、こまを投げ出す。投げるときは肘を伸ばし、肩を中心にして腕を振る。体の前方で腕を止め、人さし指と親指を離す。

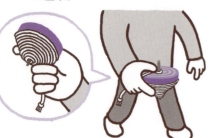 

簡単！盤面ごま

すぐに作れて簡単に回せるこまを紹介します。
好きな絵を描いて、自分だけのこまを作って遊んでみましょう。

作り方 （用意する物：CD、ビー玉）

① CDの盤面にシールを貼ったり、油性フェルトペンで絵を描いたりして模様をつける。

② ビー玉を表からCDの穴に入れ、セロハンテープで留める。

③ ビー玉が穴にしっかり付くように、セロハンテープを押し付けて固定する。

遊び方

少し触るだけでも回り出すこま。本格的に回したいときは、ビー玉の部分をつまんで回してみよう。

> みんなで遊ぼう！
> 伝承あそび

楽しいブンブンごま

糸を引っ張ると、ビュンビュンと音を立てて回るこま。
色の塗り方を工夫すると、見え方が変わって楽しめます。

作り方　（用意する物：厚紙、たこ糸、ストロー）

① 厚紙2枚をのりで貼り合わせ、中心から5mm離れた所に、千枚通しで2か所穴を開ける。穴は保育者が開けておく。

② 穴にたこ糸を通す。千枚通しの先を使って、穴に糸を押し込むようにするとうまく通せる。

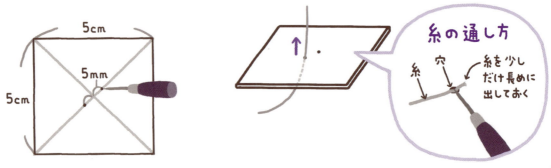

③ たこ糸を通しながら切ったストローを通し、玉結びしてつなげる。最後にパスや水性絵の具で色を塗って出来上がり。

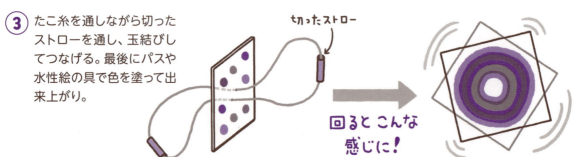

回るとこんな感じに！

遊び方

- ストローを両手で持ち、弾みをつけて引っ張ります。回りだしたら、たこ糸のねじれを増やすのがコツ。
- 回ったら、色を塗った所がどんな風に見えるか見てみましょう。

1年中楽しめる！
手あそび

ちょっとした時間に、子どもとのスキンシップに、
そして生活習慣の習得にも手あそびはとても有効です。
いつでもどこでも楽しめる手あそびを
保育者自身も楽しんで、活用してください。

1年中楽しめる！手あそび

季節・行事の手あそび

おはながさいた

作詞・作曲・振付／植田光子

1回め

1 ♪ おはなが さいた

つぼみのように両手を合わせて、体を揺らす。

2 ♪ きれいに さいた

体を揺らしながら、花が咲いたように両手を開く。

3 （保育者）何のお花が咲いたのかな？
（子ども）チューリップ

保育者が問い掛けて、子どもが花の名前を言う。

2回め 1回めの③で子どもが答えた花の名前を〔　〕に入れて歌う。

あそびのヒント

たくさん花が咲く春にぴったりの手あそび。子どもたちがいろいろな花の名前を答えたら、保育者は一つひとつ歌に取り上げて、みんなで一緒に繰り返し歌います。しぜんに花の名前も覚えていくことでしょう。花が揺れる様子や咲く様子を想像しながらゆったりと歌ってみましょう。

季節・行事の手あそび

拍手をプレゼント

作詞・作曲／阿部直美　編曲／植田光子　振付／阿部直美

 **おたんじょうび　おめでとう
すてきな　はくしゅを　プレゼント**

 **リボンをかけて
プレゼント**

 **パチパチパチ　パチパチパチ
パチパチパチパチパチパチ**

みんなで手をつなぎ、リズムに合わせて体を揺らす。

空中で自由にリボンの形を2回描く。

曲に合わせて拍手する。

誕生児に向かって、両手をキラキラする。

あそびのヒント

その月の誕生日の子どもに、みんなで歌ってお祝いしましょう。誕生月の子どもたちを囲むように、手をつないで輪になって歌ってもいいですね。「パチパチパチ〜」と拍手をした後、保育者の合図で「おめでとう」と歌うと盛り上がります。最後は、祝ってくれた友達に感謝の気持ちを伝えましょう。

1年中楽しめる！手あそび

季節・行事の手あそび
みずあそびチャプチャプ

作詞・作曲・振付／植田光子

あそびのヒント

水あそびの季節に歌いましょう。最初の「♪みずと」を「プールで」や「海で」など、そのときの環境に合わせて歌詞を変えてもいいですね。手あそびに慣れてきたら、テンポを変えて歌っても盛り上がります。

手あそびを始める前に、水の感触について子どもたちと話し合い、早く水に触れたくなるような、楽しい気分になるようにしましょう。また、最初にジョウロで遊びながら歌うと水に親しみやすくなります。

手あそび

季節・行事の手あそび　みずあそびチャプチャプ

1 ♪ みずと　おあそび　たのしいな

手拍子を8回する。

2 ♪ あしと

足踏みを2回する。

3 ♪ おててを

手拍子を2回する。

4 ♪ チャップチャップチャップ

両手首を上下に3回振る。

5 ♪ つめたい

片手ずつ胸の前で交差する。

6 ♪ ワクワク

肩を2回上下する。

7 ♪ みずと　おあそび　たのしいな

①と同じ。

季節・行事の手あそび
バスごっこ

作詞／香山美子　作曲／湯山昭　編曲／植田光子

1. おおがたバスに のってます　きっぷをじゅんに わたしてね
2. おおがたバスに のってます　いろんなとこが みえるので
3. おおがたバスに のってます　だんだんみちが わるいので

おとなりへ ハイ　おとなりへ ハイ　おとなりへ ハイ　おとなりへ ハイ
よこむいた ア　うえむいた ア　したむいた ア　うしろむいた ア
ごっつんこ ドン　ごっつんこ ドン　ごっつんこ ドン　ごっつんこ ドン

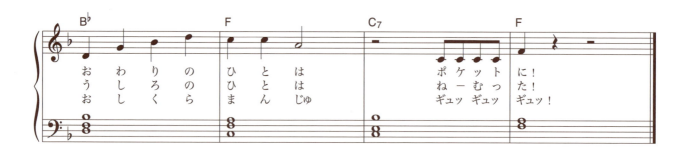

おわりの のろく　ひと ははじゅ　ポケットに！
おうしりの　ひま とんじゅ　ねーむった！
　　　　　　　　　　　　　　ギュッギュッ ギュッ！

あそびのヒント

バスで行く園外保育のときにぴったりの手あそび。バスに乗ると不安になる子どもがいますが、安心して楽しくバスの中で過ごせるよう、元気に歌ってみましょう。

園外保育の前からこの手あそびを覚えておくと、きっと楽しい気分で当日を迎えることができます。日頃からバスに乗った気分で親しんでおきましょう。

1番

 おおがたバスに のってます

 きっぷをじゅんに わたしてね

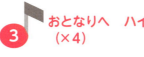 おとなりへ　ハイ （×4）

 おわりのひとは ポケットに！

両手を軽く握り、ハンドルを動かすしぐさをする。

右手を高く上げ、左右に振る。

両手で自分の膝を3回たたき、「ハイ」で隣の子の膝を1回たたく。これを4回繰り返す。

ポケットに切符を入れるしぐさをする。

2番

  おおがたバスに のってます

 いろんなとこが みえるので

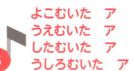 よこむいた　ア うえむいた　ア したむいた　ア うしろむいた　ア

 うしろのひとは ねーむった！

1番の①と同じ。

右手左手を交互に額に当て、見るしぐさをする。

歌詞に合わせて横、上、下、後ろを向く。

全員で目を閉じ、眠るまねをする。

3番

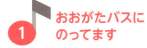 おおがたバスに のってます

 だんだんみちが わるいので

 ごっつんこ ドン（×4）

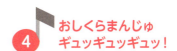 おしくらまんじゅ ギュッギュッギュッ！

1番の①と同じ。

肩を上下に動かしたり、左右に揺らしたりする。

隣の子と頭を軽く4回ぶつけ合う。これを4回繰り返す。

両肘を3回締める。

手あそび　季節・行事の手あそび　バスごっこ

どんぐりころころ

1年中楽しめる！手あそび

季節・行事の手あそび

作詞／青木存義　作曲／梁田貞　編曲／植田光子

1. どん — 手拍子を1回する。
2. ぐり — 左手で鼻をつまみ、右手で右耳をつまむ。
3. ころ — 手拍子を1回する。
4. ころ — 右手で鼻をつまみ、左手で左耳をつまむ。
5. どんぶりこ　おいけにはまって　さあたいへん　どじょうがでてきて　こんにちは　ぼっちゃんいっしょに　あそびま — ①〜④の動作を7回繰り返す。
6. しょう — 手拍子を1回する。

あそびのヒント

秋におすすめの手あそび。ちょっとしたすきま時間にもいいですね。同じ動作を繰り返しながら歌いますが、リズムに合わせて右と左の動作を変えるのは難しいものです。その難しさを楽しみ、ゲーム感覚で遊びます。うまくできない子がいても「またやってみようね」と、次へのチャレンジにつながるようなことばがけをしましょう。

生活の手あそび
できたかな？

作詞・作曲／植田光子

「〇〇ちゃん、〜を〜にしまってね」など、子どもを指名し、活動内容を伝えてから遊びます。

1番   できたかな

3回手をたたき、1拍休む。

 できたかな　きれいに　できたかな

①を3回繰り返す。活動ができるまで、1番を繰り返す。

2番   できました　できました　きれいに　できました

1番を何度か歌った後、保育者が「〇〇ちゃんきれいにできたかな？」とことばがけをする。できた子どもたちは、保育者に「できました」と、手拍子をしながら歌う。1拍休みのところは、できたものを指差したり、見せたりする。

あそびのヒント

お弁当の準備や掃除など、いろいろな活動時におすすめの手あそびです。子どもたちにプレッシャーをかけないように、ゆっくり動けるように歌いましょう。小さな声で歌い出し、徐々に大きな声で歌うと、楽しく活動できます。最後は子どもたちを褒めてあげることばがけも忘れずにしましょう。

1年中楽しめる！手あそび

生活の手あそび

あなたのおなまえは

作詞／不明　インドネシア民謡　編曲／植田光子

1 あなたのおなまえは

歌に合わせて手拍子をする。

2 ○○○

保育者が両手で子どもの頬を包みながら、子どもの名前を呼ぶ。

あそびのヒント

新学期や誕生日会におすすめです。友達の名前を覚えたり、人前で自信をもって自分の名前を言えたりするきっかけにもなります。

手あそびを始める前に、「みんなにはそれぞれすてきな名前があります。お友達の名前を知っていますか？」と問い掛けてみましょう。手作りのマイクを用意し、最初は保育者が自分の名前を言ってお手本を見せ、子どもたちに覚えてもらいます。その後、順番に子どもたちにマイクを向けていき、名前の言えない子どもには一緒に言ってあげるなど援助をしましょう。

また、手作りのマイクを活用して自己紹介あそびもしてみましょう。子ども同士1対1になって名前を聞き合ったり、インタビューするように「好きな食べ物は何ですか？」「好きなあそびは何ですか？」などと質問したりして楽しんでみてもいいですね。

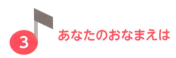

♪ ③ あなたのおなまえは

①と同じ。

♪ ④ ○○○

②と同じ。

♪ ⑤ あなたのおなまえは

手拍子の後で片手を握り、マイクに見立てて子どもの口元に持っていく。

♪ ⑥ ○○○

子どもが名前を答える。

♪ ⑦ あらすてきなおなまえね

①と同じ。

手あそび

生活の手あそび　あなたのおなまえは

1年中楽しめる！ 手あそび

生活の手あそび
なぞなぞむし

わらべうた

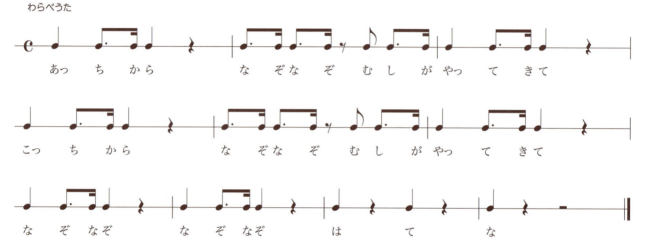

あっち から　なぞ なぞ むし が やっ て きて
こっち から　なぞ なぞ むし が やっ て きて
なぞ なぞ　なぞ なぞ　は て な

後ろに両手を隠し、片方の人さし指を前に出す。

もう片方の人さし指も前に出す。

「♪なぞなぞ」で片方を頭につけ、次の「♪なぞなぞ」で、もう片方も頭につける。

指をつけたまま首を左右にかしげる。

あそびのヒント

なぞなぞやクイズあそびをする前に歌ってみましょう。「指がなぞなぞ虫に変身！」などと言ってから、最初は保育者が歌ってみせます。みんなで覚えて元気よく歌い、なぞなぞ大会を盛り上げましょう。その後、子どもたちが考えたなぞなぞを披露しあってもいいですね。

生活の手あそび
かみしばいのうた

作詞／佐倉智子　作曲／おざわたつゆき　編曲／植田光子　振付／阿部直美

みんなで歌う。

「♪はじまり」と歌い、3回拍手をする。

②と同じ。

歌いながら、7回拍手をする。

あそびのヒント

紙芝居を始める前に楽しみましょう。「今日は何の紙芝居かな？」などのことばがけをしてから始めると、子どもたちも期待をもって手あそびをします。時にはゆっくり、時には速くと、テンポを変えて歌ってもいいでしょう。子どもたちが紙芝居を見る準備ができ、集中することもできます。また合奏の導入として、タンブリンやカスタネットなどの打楽器を取り入れてみるのも楽しいです。

1年中楽しめる！手あそび

生活の手あそび
おててをあらいましょう

作詞・作曲／不詳　編曲／植田光子

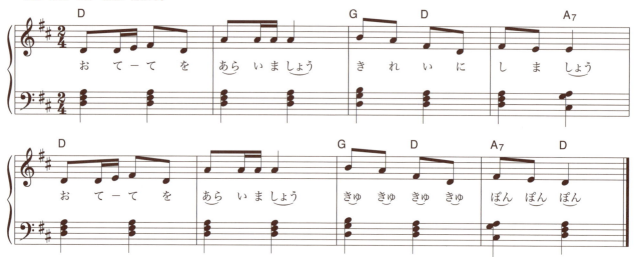

両手を左右に振る。

両手を合わせて、手を洗うしぐさをする。

①と同じ。

④ きゅきゅきゅきゅ
②と同じ。

手をたたく。

あそびのヒント

手洗いの大切さを教えるきっかけに、この手あそびを活用しましょう。手洗いはどんなときに必要なのか、子どもたちと話し合ってみます。手を洗うことで、手に付いたばい菌を落としたり、病気の予防になったりすることを教えます。きれいに洗い終えた後も、元気に歌ってみましょう。上手に洗えた自信と安心感にもつながるでしょう。

生活の手あそび
とんでけバイキン

作詞・作曲／おざわたつゆき　編曲／植田光子

おててを　ごしごし
おててを　ごしごし

両手を合わせて、手を洗うしぐさをする。

② バイキン　バイキン

4回手をたたく。

③ とんでいけ

勢いよく両手を上げる。

2番 1番と同様に行なう。

あそびのヒント

小さい子でも自分から手洗いをするきっかけになる楽しい手あそびです。最後の「♪とんでいけ」「♪なった」で、子どもたちの好きなポーズをとってもいいでしょう。なぜ手洗いが必要なのかを子どもたちと話し合ったり、保育者が指導したりしましょう。手洗いのしぐさを取り入れた手あそびをすることによって、日常的に意識できるようになります。

1年中楽しめる！手あそび

生活の手あそび
おはなし

作詞／谷口和子　作曲／渡辺茂　編曲／植田光子

あそびのヒント

話を静かに聞く態度がしぜんと身につくこの手あそびは、絵本や紙芝居、話を始める前におすすめです。「先生のまねをして一緒にやってみよう」などと、ことばがけをしてから始めてみましょう。子どもたちは、これから楽しい話が始まるという期待がもてるようになります。

最後の「♪しっしっしっしっ　しずかにききましょう」の部分で、少しずつゆっくりと小さな声にしていくのもいいですね。

♪ 1 おはなし おはなし

腕を胸の前で交差して、リズムに合わせて頭を左右に振る。

♪ 2 パチパチ パチパチ

手をたたく。

♪ 3 うれしいはなし たのしいはなし

①と同じ。

♪ 4 しっしっしっしっ

人さし指を口に当てる。

♪ 5 しずかにききましょう

両手を大きく回して膝に置く。

1年中楽しめる！ 手あそび

生活の手あそび

おべんとう

作詞／天野蝶　作曲／一宮道子　編曲／植田光子

♩ = 120

1. おべんと おべんと うれしいな おてても きれいに なりましょ なりました たべましょう みんなそろって ごあいさつ
2. おべんと おべんと うれしいな なんでも たべましょ よくかんで みんなたべたら ごあいさつ

1番

① おべんとおべんと うれしいな

8回手拍子をする。

② おててもきれいに なりました

両手を左右に振る。

③ みんなそろって

両手を膝に置く。

④ ごあいさつ

お辞儀をする。

2番 1番と同様に行なう。

あそびのヒント

お弁当や給食を食べる前におすすめ。食事前に、手洗い、うがい、お弁当の準備なども確認しましょう。みんなで楽しく食事ができるように元気よく歌えば、「いただきます」「ごちそうさま」の挨拶にもつながります。食べる前と食べた後の挨拶も大切だということを、子どもたちに伝えましょう。

生活の手あそび
はをみがきましょう

作詞・作曲／則武昭彦　編曲／植田光子

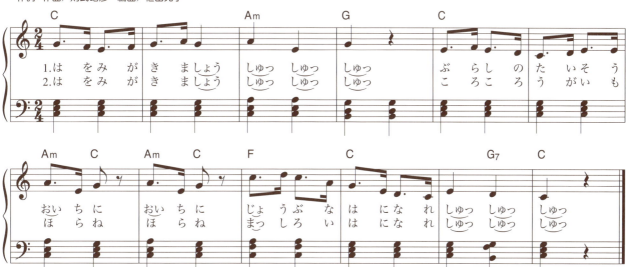

1. は を みがき ましょう　しゅっ しゅっ しゅっ　ぶらしの たいそう
2. は を みがき ましょう　しゅっ しゅっ しゅっ　ころころ うがいも

おいちに　おいちに　じょうぶな はになれ　しゅっ しゅっ　しゅっ しゅっ
おいちに　おいちに　まっしろい はになれ

1番

1 はをみがきましょう
手拍子をする。

2 しゅっしゅっしゅっ

片手を上下に動かして、歯を磨くしぐさをする。

3 ぶらしのたいそう

手拍手をする。

4 おいちに おいちに

手を大きく上下させる。

5 じょうぶな はになれ
①と同じ。

6 しゅっしゅっしゅっ
②と同じ。

2番 ①②③⑤⑥は、1番と同様。
④「♪ほらね　ほらね」
首を左右に1回ずつ傾ける。

あそびのヒント

歯磨きの習慣づけや、歯科検診前に遊んでみましょう。指を歯ブラシに見立てて歌います。画用紙などのいろいろな素材で動物の顔と歯ブラシを作り、遊んでもいいでしょう。歯は、食べたり話したりするのにとても大事なものだということを教え、歯磨きすることが楽しくなるようにしましょう。

とんとんとんとんひげじいさん

いつでも手あそび

作詞不詳　作曲／玉山英光　編曲／植田光子

あそびのヒント

慣れてきたらテンポを速めても楽しいです。また、「両手をグーにしてみましょう。このグーで何ができるかな？」と、子どもたちに問い掛けてみます。グーでいろいろなポーズをとってどんなものになるか考えるでしょう。ここから手あそびにつなげていってもいいですね。

手あそび

いつでも手あそび　とんとんとんとんひげじいさん

1　とんとんとんとん

両手をグーにして、上下交互にたたく。

2　ひげじい

右手のグーをあごの下につける。

3　さん

左手のグーを右手の下につける。

4　とんとんとんとん

①と同じ。

5　こぶじい

右手のグーを右頬につける。

6　さん

左手のグーも左頬につける。

7　とんとんとんとん

①と同じ。

8　てんぐ

右手のグーを鼻につける。

9　さん

左手のグーを右手のグーにつける。

10　とんとんとんとん

①と同じ。

11　めがね

右手で輪を作り、右目に当てる。

12　さん

左手で輪を作り、左目に当てる。

13　とんとんとんとん

①と同じ。

14　てをうえに

両手を上にあげる。

15　らんらんらんらん

手をひらひらさせながら下ろしていく。

16　てはおひざ

手のひらを膝に置く。

1年中楽しめる！手あそび

いつでも手あそび
おはなしゆびさん

作詞／香山美子　作曲／湯山昭　編曲／植田光子

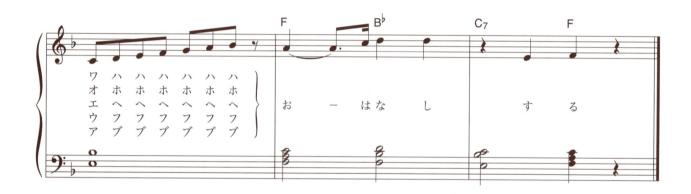

あそびのヒント

昔からある指あそびです。しぜんに指の名前が覚えられます。パパ（お父さん）は親指、ママ（お母さん）は人さし指、にいさんは中指、ねえさんは薬指、赤ちゃんは小指にたとえて遊びます。

最初は、5番まで通しで手あそびしないようにします。1番から2番へ進むとき、「今度はこの指で遊ぶよ」と指を見せながら言葉を掛け、ゆっくりと進めましょう。指先に動物の顔を付けた手袋をはめて歌っても楽しいです。

手あそび

いつでも手あそび　おはなしゆびさん

このゆびパパ
ふとっちょパパ

親指を立てて左右に揺らす。

やあやあやあやあ

親指を立てて手首を振る。

ワハハハハハハ

笑っているように揺らす。

④ おはなし

手のひらを広げ、上から下へ丸く包むように下ろす。

⑤ する

手拍子を2回する。

2番　このゆびママ　やさしいママ
まあまあまあまあ　オホホホホホホ

3番　このゆびにいさん　おおきいにいさん
オスオスオスオス　エヘヘヘヘヘヘ

4番　このゆびねえさん　おしゃれなねえさん
アラアラアラアラ　ウフフフフフフ

5番　このゆびあかちゃん　よちよちあかちゃん
ウマウマウマウマ　アブブブブブブ

1番の①〜③の動きを、それぞれの指に変えてする。

2番〜5番

④ おはなし

1番の④と同じ。

⑤ する

1番の⑤と同じ。

1年中楽しめる！手あそび

いつでも手あそび

ごんべさんのあかちゃん

作詞不詳　アメリカ民謡　編曲／植田光子

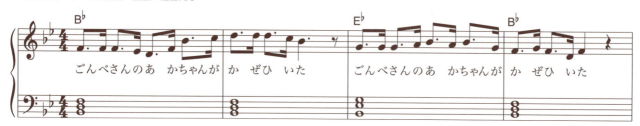

1 ごんべさんの

両手でほおかむりをし、あごの下で結ぶしぐさをする。

2 あかちゃんが

赤ちゃんを抱くしぐさをする。

3 かぜひいた

両手で口を押さえる。

4 ごんべさんのあかちゃんがかぜひいたごんべさんのあかちゃんがかぜひいた

①〜③を2回繰り返す。

5 そこであわてて
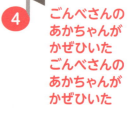

手拍子を4回する。

6 しっぷ

右手を胸に当てる。

7 した

左手も胸に当てる。

あそびのヒント

幅広くみんなに親しまれている曲です。保育者が手本を見せ、その後に子どもたちと一緒に元気よく行なってみましょう。

いつでも手あそび
いとまき

作詞不詳　外国曲　編曲／植田光子

手あそび

いつでも手あそび　ごんべさんのあかちゃん／いとまき

1　いとまきまき　いとまきまき

かいぐりをする。

2　ひいてひいて

横に拳を引っ張る。

3　トントントン

胸の前で拳を3回打ち合わせる。

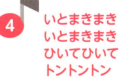
4　いとまきまき　いとまきまき　ひいてひいて　トントントン

①〜③を繰り返す。

5　できたできた

手拍子を8回する。

6　こびとさんのおくつ

胸の前で小さな輪を作り、体を揺らす。

あそびのヒント

いろいろな歌詞があり、とても親しまれている曲です。最後の「♪こびとさんのおくつ」の歌詞を、「ゾウさんのおくつ」や「アリさんのおくつ」などに変えて、動作を大きくしたり小さくしたりして楽しみましょう。

1年中楽しめる！手あそび

いつでも手あそび
せんべせんべ

わらべうた　編曲／植田光子

1 せんべせんべ　やけたど　のせんべ　やけた

両手を前に出し、歌いながら手のひらを下にして上下に振る。

2 このせんべ　やけた

手のひらを上にひっくり返して上下に振る。

3 ムシャムシャムシャ

手を口にもっていき、握って食べるしぐさをする。

あそびのヒント

いつでもどこでも、すきま時間にできる手あそびです。保育者と一緒に遊んだり、子ども同士で遊んだり、また、親子で楽しむこともできますね。
1人がおせんべい役、もう1人が食べる役になります。

「♪やけた」の3か所で、手を返す代わりに体をうつ伏せからあおむけ、あおむけからうつ伏せ、うつ伏せから仰向けに回転させて、食べる役の子が、おせんべい役の子の体をつついて食べるまねをしても楽しいです。

おちたおちた

わらべうた　編曲／植田光子

1. お　ちた　おちた　なにが　おちた　りんーごーが　おちた　アッ！
2. お　ちた　おちた　なにが　おちた　てんーじょうが　おちた　アッ！
3. お　ちた　おちた　なにが　おちた　かみなりさまが　おちた　アッ！

手あそび　いつでも手あそび　せんべせんべ／おちたおちた

1　（保育者）おちた　おちた
　　（子ども）なにが　おちた
　　（保育者）りんごが　おちた

掛け合いで歌う。

2　アッ！

素早く両手を出し、リンゴを受け止めるしぐさをする。

1　（保）おちた　おちた
　　（子）なにが　おちた
　　（保）てんじょうが　おちた

掛け合いで歌う。

2　アッ！

素早く両手を上げ、天井を支えるしぐさをする。

1　（保）おちた　おちた
　　（子）なにが　おちた
　　（保）かみなりさまが　おちた

掛け合いで歌う。

2　アッ！

ぱっと両手でおへそを押さえる。

あそびのヒント

集団で楽しめるあそびです。「空から〇〇が落ちてきたら、どうする？」と子どもたちに問い掛けてみます。落ちてきたらどうするかを一緒に考え、手で受け止めるしぐさやおへそを隠すしぐさをし、何度か繰り返した後、あそびに入っていきましょう。「リンゴ」「てんじょう」「かみなりさま」以外にも、「ゾウさん」や「スライム」など変わった物を落としてしぐさを楽しみましょう。

いつでも手あそび
グーチョキパーでなにつくろう

作詞不詳　外国曲　編曲／植田光子

1番

歌に合わせて、両手でグーチョキパーを出す。

両手をパーにして、左右に揺らす。

あそびのヒント

みんなに親しまれている手あそびの一つです。グーチョキパーを覚えたり、いろいろな形に見立てたりして遊べます。大人数が集まる集会、保育参観などでも楽しめますね。
最初はゆっくり進めていきます。慣れてきたら、テンポを少しずつ速めていってもいいでしょう。
グーの手、チョキの手、パーの手を合わせると、いろいろな形が出来上がります。みんなで披露しあって、両手を使ったグーチョキパーの変身ごっこをしてみても盛り上がります。

③ ♪ みぎてがチョキで　　④ ♪ ひだりてもチョキで　　⑤ ♪ かにさん　かにさん

右手でチョキを出す。　　左手もチョキを出す。　　指先を開いたり閉じたりしながら、顔の前で揺らす。

2番 ①②は1番と同じ。

③ ♪ みぎてがパーで　　④ ♪ ひだりてもパーで　　⑤ ♪ ちょうちょ　ちょうちょ

右手でパーを出す。　　左手もパーを出す。　　親指と親指を付けて、ひらひらさせる。

3番 ①②は1番と同じ。

③ ♪ みぎてがチョキで　　④ ♪ ひだりてがグーで　　⑤ ♪ かたつむり　かたつむり

右手でチョキを出す。　　左手でグーを出す。　　チョキにした手の甲に、左手のグーを載せる。

手あそび　いつでも手あそび　グーチョキパーでなにつくろう

1年中楽しめる！手あそび

いつでも手あそび
パンダうさぎコアラ

作詞／高田ひろお　作曲／乾 裕樹　編曲／植田光子

©1990 by NHK Publishing,Inc. & SHOGAKUKAN Inc.

あそびのヒント

子どもの大好きな動物が出てくる手あそび。大人数が集まる集会や低年齢児との触れ合いなど、様々な場面で楽しめます。
手あそびを始める前に、歌に出てくるパンダ、ウサギ、コアラのポーズを覚えましょう。うまくできるようになったら、音楽に合わせて楽しく遊びます。
最後の「やったァ」のところは、それぞれ好きなポーズをとってもいいですね。

手あそび

いつでも手あそび　パンダうさぎコアラ

1  おいでおいでおいでおいで

両手を前に出して、上下に振る。

2  パンダ（パンダ）

手で輪を作り、目に当てる。

3 おいでおいでおいでおいで

①と同じ。

4 うさぎ（うさぎ）

両手を上げて、ウサギの耳を作る。

5 おいでおいでおいでおいで

①と同じ。

6 コアラ（コアラ）

両手で抱えるような格好をする。

7 パンダ

②と同じ。

8 うさぎ

④と同じ。

9 コアラ

⑥と同じ。

10
おいでおいでおいでおいで　パンダ（パンダ）
おいでおいでおいでおいで　うさぎ（うさぎ）
おいでおいでおいでおいで　コアラ（コアラ）

①〜⑨を繰り返す。

11 パンダうさぎコアラ（×14）

リズムに合わせて、②④⑥の動作を14回繰り返す。

12 （やったァ）

片手を元気よく上に突き上げる。

いつでも手あそび
さかながはねて

作詞・作曲／中川ひろたか　編曲／植田光子

©1986 by TV ASAHI MUSIC CO., LTD.

1番

1 さかなが　はねて

両手のひらを合わせて少し膨らませ、魚が泳ぐようなしぐさをする。

2 ピョン

腕を斜め上に伸ばして、魚が飛び出すように指先を伸ばす。

3 あたまにくっついた　ぼうし

両手を頭の上に置く。

2番 ①②は1番と同じ。

3 おめめにくっついた　めがね

目に手をやる。

3番 ①②は1番と同じ。

3 おくちにくっついた　マスク

口に手をやる。

あそびのヒント

両手で魚の形を作ってから体の部分にくっつける、楽しい手あそび。頭、目、口以外にも「○○にくっついた」部分をいろいろと考えてみましょう。「（自分の持ち物）にくっついた」という設定にすると、降園前の忘れ物確認にも役立ちます。

季節を感じる！
折り紙あそび

季節ごとの楽しい折り紙がいっぱい！
子どもたちがいつでも楽しめるように、
コピーして保育室に置いておくのもいいですね。
保育者が折って壁面飾りにも活用できます。

おりかたの きごうと やくそく

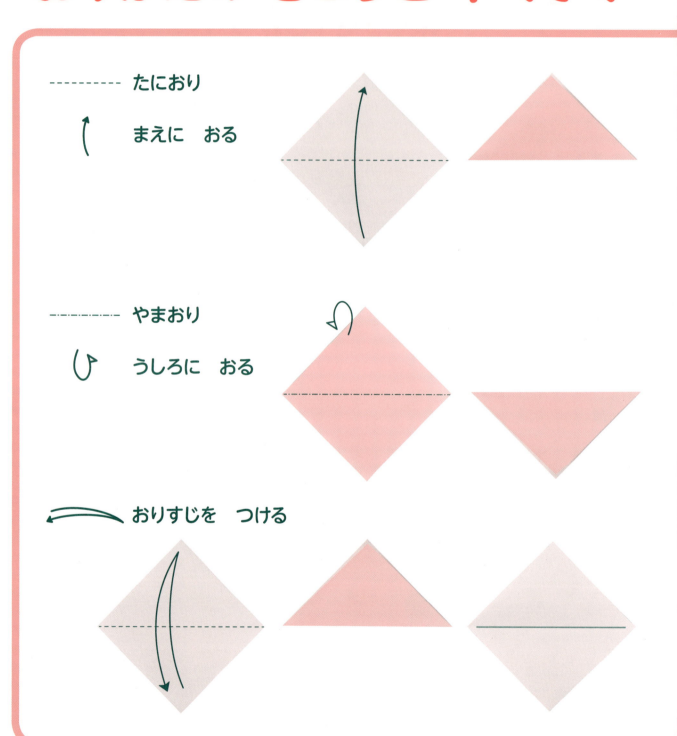

- ----------- たにおり
- まえに おる
- ―・―・― やまおり
- うしろに おる
- おりすじを つける

したの きごうと おりかたを おぼえてね。

折り紙あそび
おりかたの きごうと やくそく

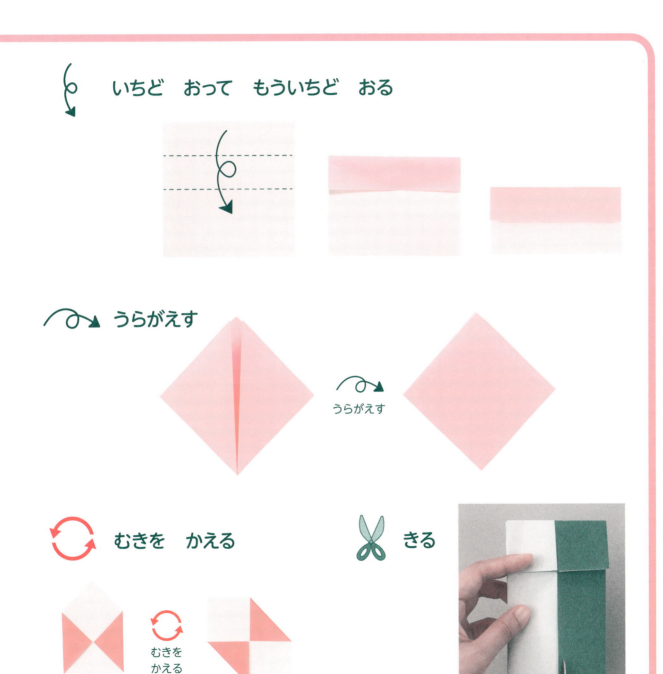

季節を感じる！
折り紙あそび

チューリップ1

だいたいの はんぶんに
2かい おるだけ。
はじめてでも
かんたんに できるよ。

1 しろが みえるように はんぶんに おる

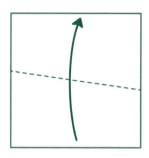

2 しろが みえるように はんぶんに おる

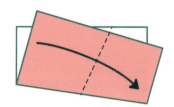

 むきを かえる

できあがり

チューリップ2

いちばん よく
しられている
チューリップの おりがみ。
おぼえておくと いいね。

1 さんかくに おる

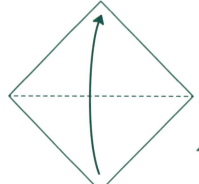

2 おりすじを つける

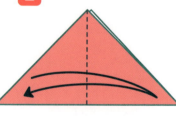

3 りょうはしを うえに おる

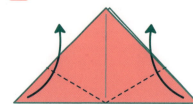

できあがり

180

チョウチョウ

2かい おるだけの
かんたんな チョウチョウ。
もようも つけてみよう。

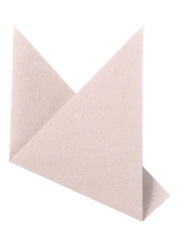

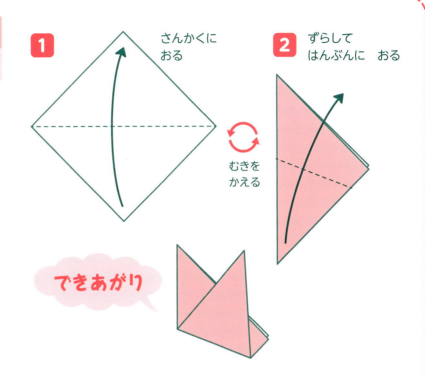

1 さんかくに おる

2 ずらして はんぶんに おる

むきを かえる

できあがり

おうち

やねに いろが つく おうちだよ。
しろい ところには えを かいてね。

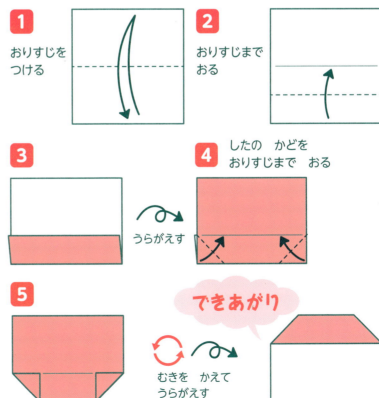

1 おりすじを つける

2 おりすじまで おる

3 うらがえす

4 したの かどを おりすじまで おる

5 むきを かえて うらがえす

できあがり

折り紙あそび

チューリップ1／チューリップ2／チョウチョウ／おうち

季節を感じる！折り紙あそび

イチゴ1

3かい おるだけで
かんたんに できるよ。
へたの ところに
いろを ぬるといいね。

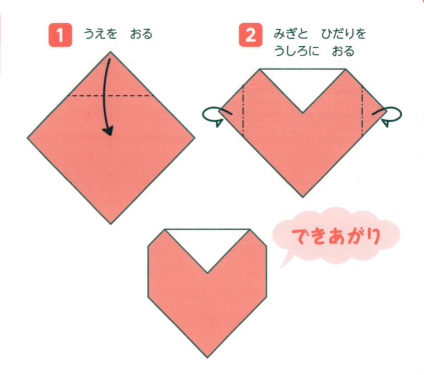

1 うえを おる

2 みぎと ひだりを うしろに おる

できあがり

イチゴ2

おおきく おれる
イチゴだよ。
みんなで おって
イチゴばたけに しようか。

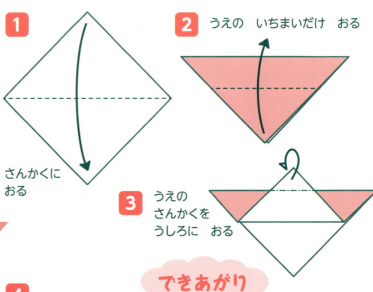

1 さんかくに おる

2 うえの いちまいだけ おる

3 うえの さんかくを うしろに おる

4 うらがえす

できあがり

こいのぼり1

3かい おるだけで
こいのぼりの できあがり。
くちの ところが
しろくなるように おってね。

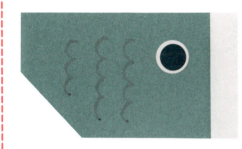

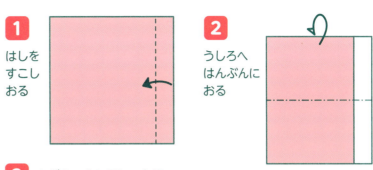

1 はしを すこし おる

2 うしろへ はんぶんに おる

3 かどを うしろに おる

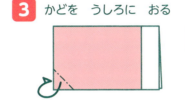

4 はる　まるシール　かく

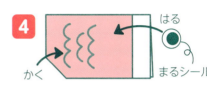

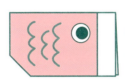

できあがり

こいのぼり2

せびれが りっぱな
こいのぼり。
めは くれよんで かいたり、
まるシールを はったりしてみよう。

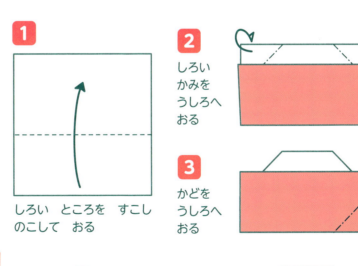

1 しろい ところを すこし のこして おる

2 しろい かみを うしろへ おる

3 かどを うしろへ おる

できあがり

4 はる　まるシール　かく

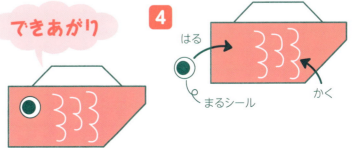

折り紙あそび　イチゴ1／イチゴ2／こいのぼり1／こいのぼり2

183

季節を感じる！
折り紙あそび

かぶと1

2まいの かみを つかうけれど
やさしく できるよ。
すきな いろの かみで
おってみよう。

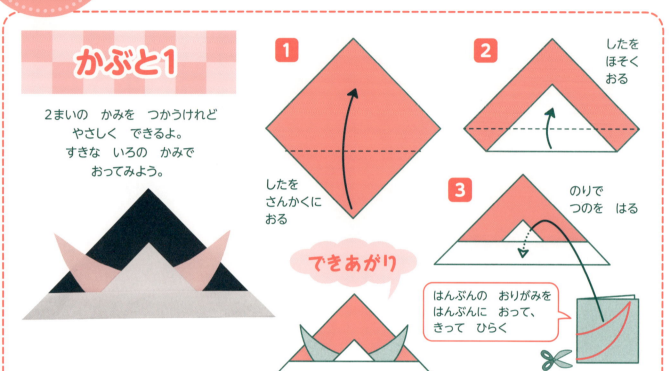

1 したを さんかくに おる
2 したを ほそく おる
3 のりで つのを はる
はんぶんの おりがみを はんぶんに おって、きって ひらく

できあがり

かぶと2

ちゅーりっぷの おりがみが
へんしんしたら
かわいい かたちの
かぶとに なったよ。

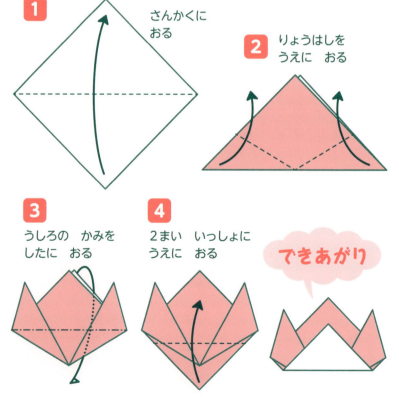

1 さんかくに おる
2 りょうはしを うえに おる
3 うしろの かみを したに おる
4 2まい いっしょに うえに おる

できあがり

カタツムリ

2かい おるだけで できる
いちばん かんたんな カタツムリ。
さいしょに かどと かどを
きちんと あわせると
きれいに おれるよ。

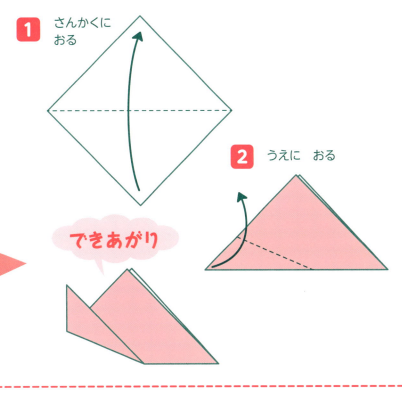

1 さんかくに おる

2 うえに おる

できあがり

アジサイ

アジサイは ちいさな はなが
たくさん あつまっているみたい。
みんなで おって
きれいに さかせよう。

1 はんぶんに おる

2 たてに おりすじを つける

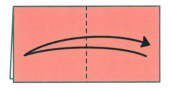

3 まんなかまで おる

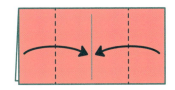

できあがり

4 さんかくに おる

折り紙あそび

かぶと1／かぶと2／カタツムリ／アジサイ

カエル

おりすじを つけてから
かおと まえあしを おるよ。
めは まるシールを
つかうと かんたん！

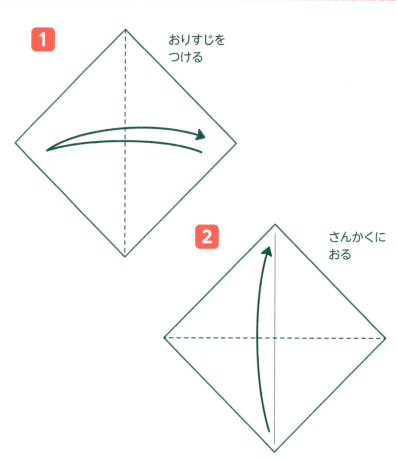

1 おりすじを つける

2 さんかくに おる

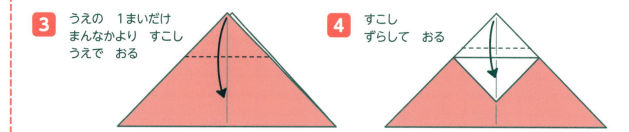

3 うえの 1まいだけ まんなかより すこし うえで おる

4 すこし ずらして おる

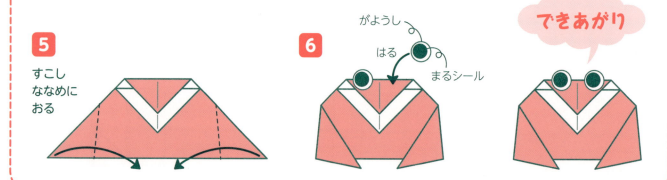

5 すこし ななめに おる

6 がようし／はる／まるシール

できあがり

おりひめ・ひこぼし1

おなじ おりかたの
くりかえしだから かんたん！
しろい ところに
かおを かいてね。

1 たてと よこに おりすじを つける

2 まんなかまで おる

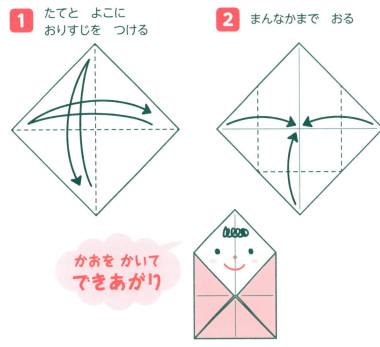

かおを かいて できあがり

おりひめ・ひこぼし2

とっても かわいい
おりひめと ひこぼし。
おなじ おりかたで
つくれるよ。

1 まんなかより すこし したを おる

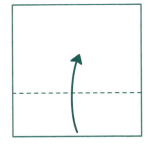

2 おりすじを つける

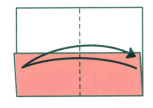 うらがえす

3 まんなかまで おる

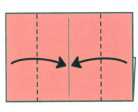

4 かどを おる

5

うらがえす

かおを かいて できあがり

季節を感じる！
折り紙あそび

ふね

さんかくに おったら
もういちど はんぶんに。
2かい おるだけで
かんたんに できるよ。

1 さんかくに おる

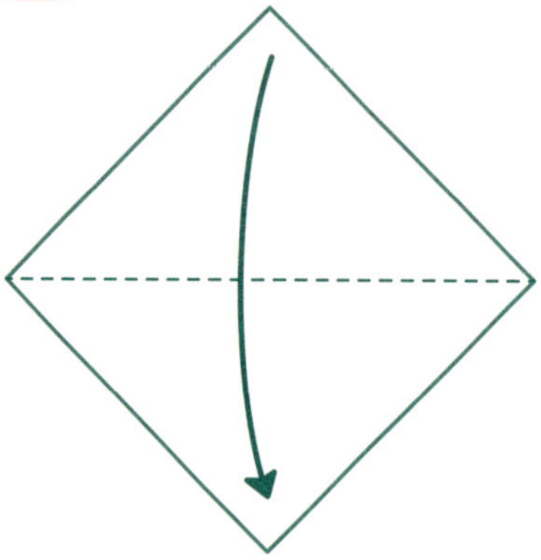

2 おる

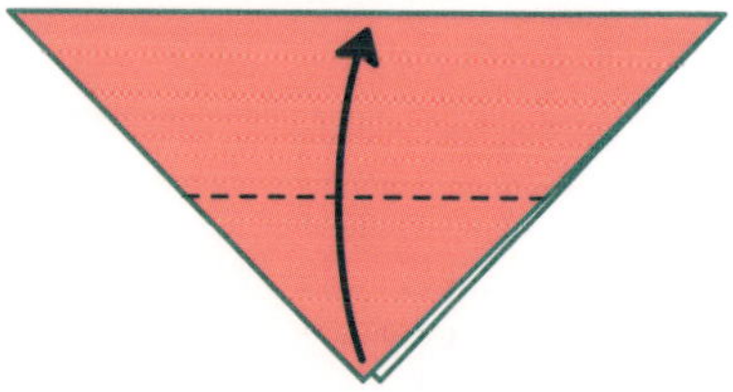

3

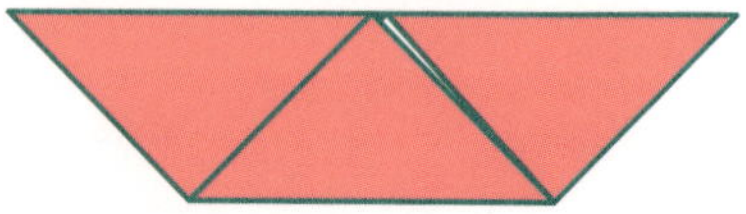

できあがり

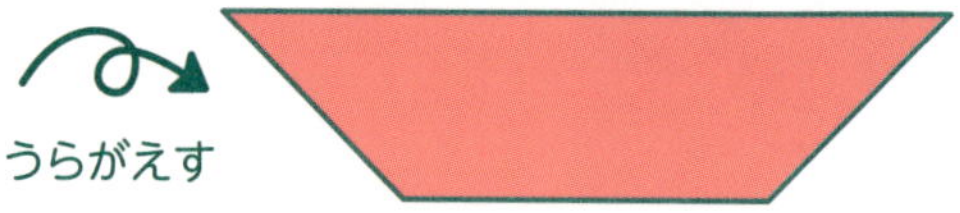

うらがえす

ヨット

やさしく おれる ヨット。
しろい さんかくの ほに
じぶんの マークを
つけてみても いいね。

1 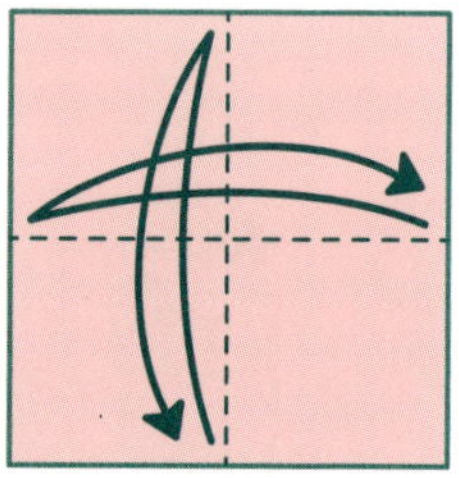
たてと よこに
おりすじを つける

2 かどを おる

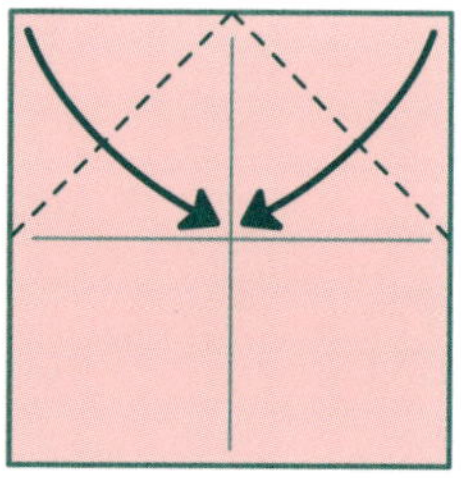

3 おる

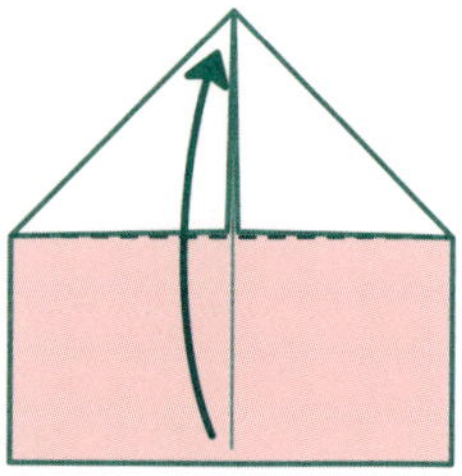

4 うえの 1まいだけ おる

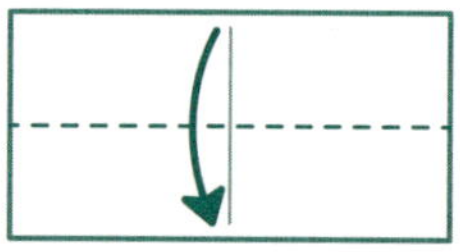

5 かどを うしろに おる

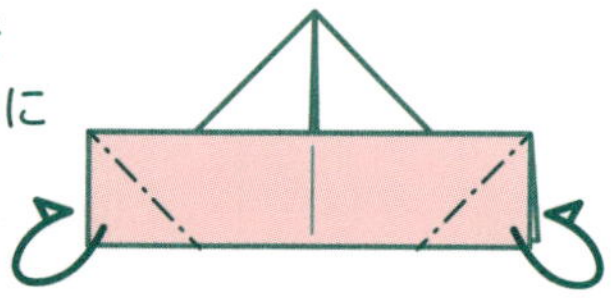

できあがり

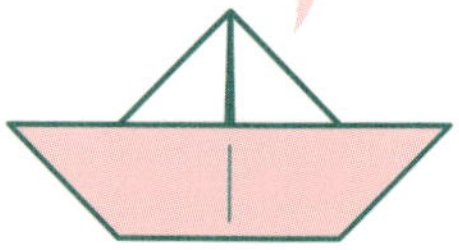

さかな1

ぴっと あがった
おびれが かわいい。
しろいところに
かおを かいてね。

1 さんかくに おって おりすじを つける

2 まんなかまで おる

3 うえに おって しっぽを つくる

めと くちを かいて できあがり

さかな2

ぜんぶが おなじいろに おりあがる さかな。
めだかみたい？
たくさん おって かざろう。

1 さんかくに おる

2 はんぶんに おる

3 まんなかまで おる

4 ななめの かみに あわせて おる

5 うらがえす

めと くちを かいて できあがり

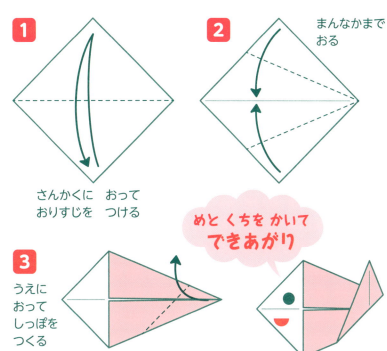
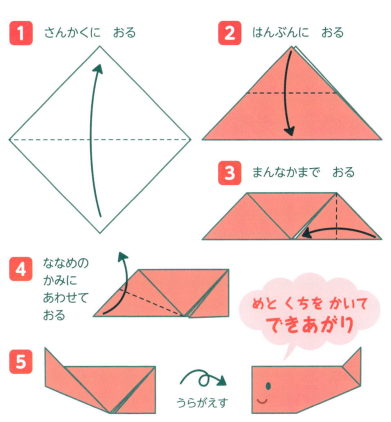

折り紙あそび　ふね／ヨット／さかな1／さかな2

スイカ

スイカを きった かたちだよ。
かわの ところは いろを ぬる?
くろい たねを
かいてみても いいね。

1 したを すこし おる

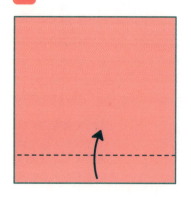

2

3 うらがえす / おりすじを つける

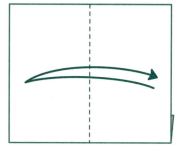

4 みぎうえを おる

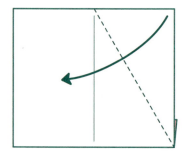

5 ひだりうえを おる

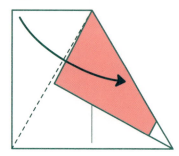

6 したの かどを さんかくに おる

7

8 うらがえす / かく / ぬる

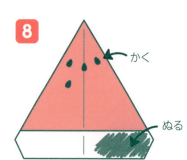

できあがり

ぼうし

2かい おるだけの
かんたんな ぼうしだよ。
つばを ほそくしたり
ふとくしたりして
いろいろな ぼうしを おろう。

1 さんかくに おる

2 したを すこし おる

できあがり

アイスクリーム

いちど さんかくに おって
おりすじを つけたら
まんなかで こんにちは。
かんたんに つくれるよ。

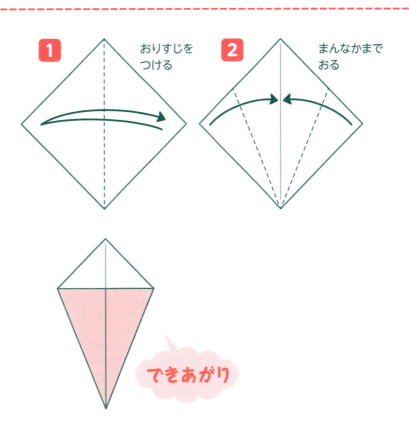

1 おりすじを つける

2 まんなかまで おる

できあがり

折り紙あそび　スイカ／ぼうし／アイスクリーム

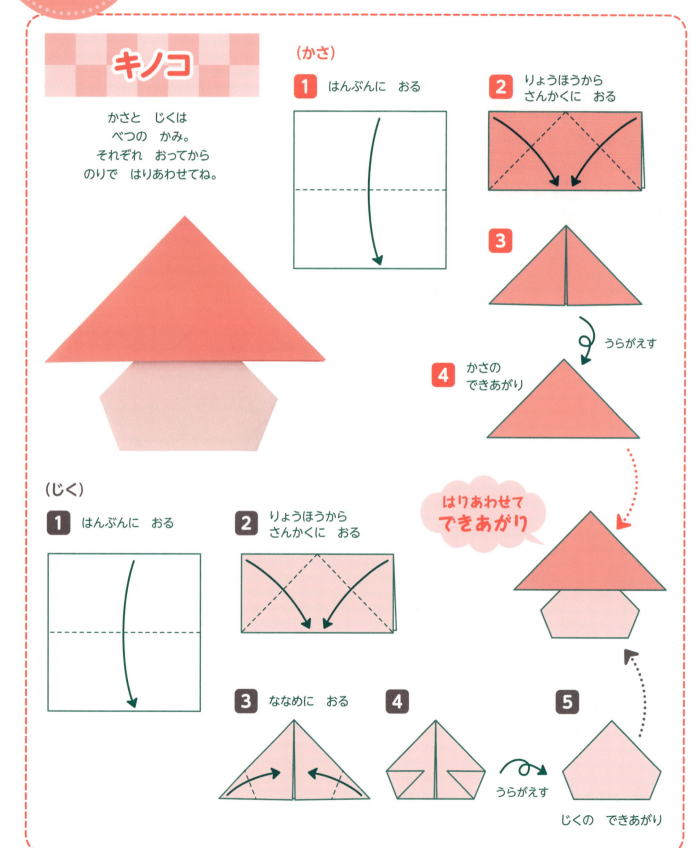

ドングリ1

ぼうしの ところが しろくなるように
いろの ついたほうを
うえにして おりはじめてね。
きれいな かたちに できるかな？

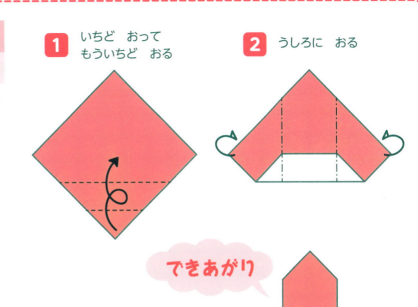

1 いちど おって もういちど おる

2 うしろに おる

できあがり

ドングリ2

おっている うちに
かみが かさなって
だんだん かたくなるけれど
しっかり おってね。

1 しろい ところを すこし のこして おる

2 おりすじを つける

3 まんなかの せんまで おる
うらがえす

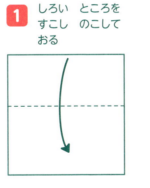

4 りょうがわを おる

5

 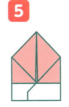 

むきを かえて うらがえす

できあがり

折り紙あそび

キノコ／ドングリ1／ドングリ2

おちば

はっぱの まんなかの
すじを おってから
ひらくように すると
おおきな はっぱが つくれるね。

1 さんかくに おる
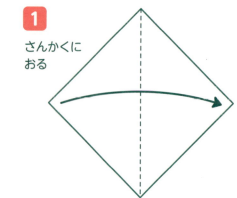

2 ななめに おる
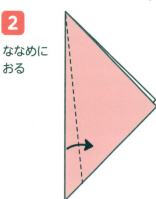

3 ひらく
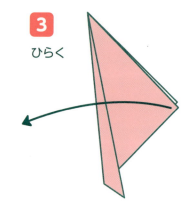

4 うえに おる
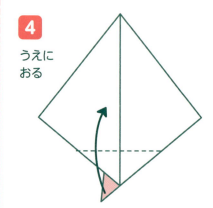

5 したに おる
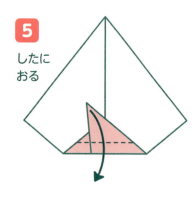

6 りょうがわを おる
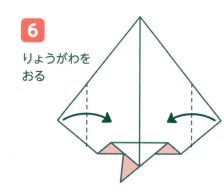

7
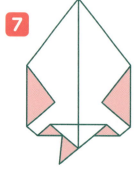
うらがえす
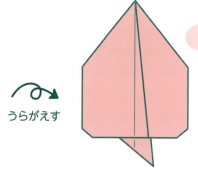
できあがり

リンゴ

ポケットが ついているみたいな
リンゴです。
いろを かえて
ナシや カキに しても いいね。

1 はんぶんに おる

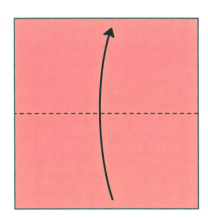

2 うえの 1まいだけ おる

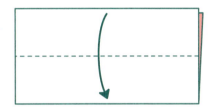

3 おりすじを つける

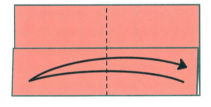

うらがえす

4 まんなかまで おる

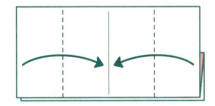

5 かどを さんかくに おる

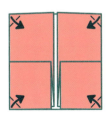

6

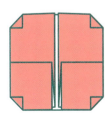

うらがえす

7 いろがようし / はる

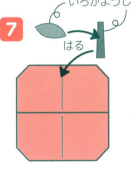

できあがり

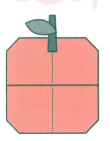

折り紙あそび

おちば／リンゴ

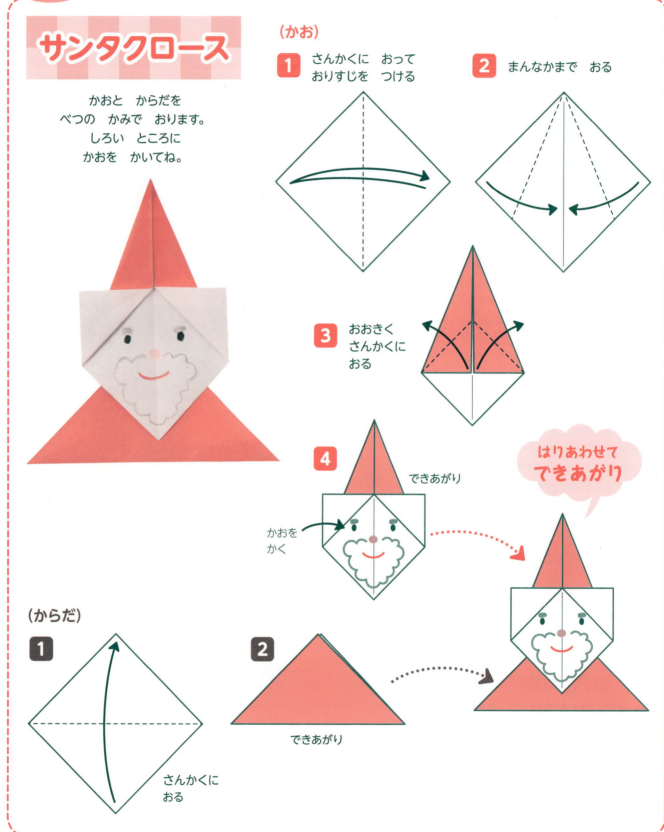

たこ1

むかしから ある おりがみの たこ。
まんなかの すじに あわせて
きれいに おれるかな?

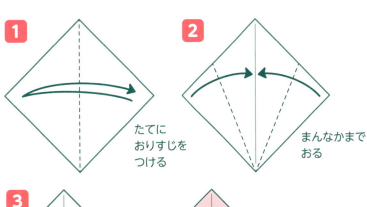

1 たてに おりすじを つける

2 まんなかまで おる

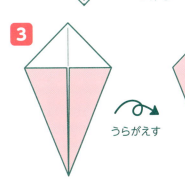

3

うらがえす

できあがり

たこ2

おもても うらも
おなじいろに おれる たこ。
せんと せんを
じょうずに あわせてね。

1 たてと よこに おりすじを つける

2 まんなかまで おる

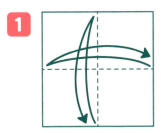

3 かどを おる

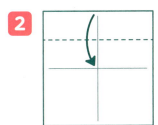

4 かどを おおきく おる

5

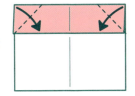

うらがえす

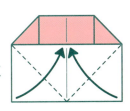

できあがり

折り紙あそび　サンタクロース／たこ1／たこ2

こま

おりすじを つけて できた 4つの おへやの 2つを さんかくに おります。なるべく ほかの おへやに はいらないように ね。

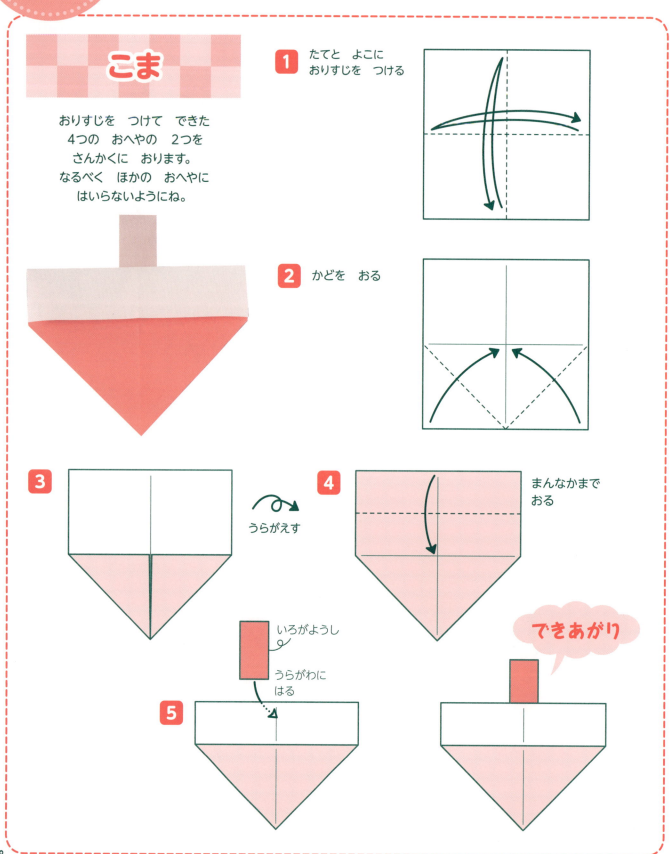

1 たてと よこに おりすじを つける

2 かどを おる

3 うらがえす

4 まんなかまで おる

5 いろがようし／うらがわに はる

できあがり

おに1

あたまの しろい さんかくおに。
おにらしい かおを
かいて できあがり。

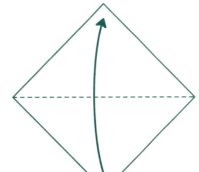

1 さんかくに おる

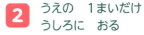

2 うえの 1まいだけ うしろに おる

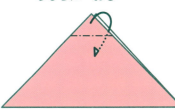

かおを かいて できあがり

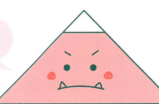

おに2

2ほんの つのが
ぴんとした おに。
どんな かおを かこうかな。

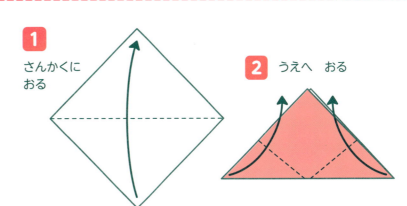

1 さんかくに おる

2 うえへ おる

3 うらがえす

4 したへ おる

かおを かいて できあがり

折り紙あそび　こま／おに1／おに2

季節を感じる！
折り紙あそび

おひなさま1

とっても かんたんな
おひなさまだから、
いろを かえて
おびなと めびなを おってみよう。

1 おりすじを つける

2 まんなかまで おって もういちど おる

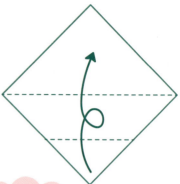

3 ななめに おる

かおを かいて
できあがり

おひなさま2

かわいい かたちの
おひなさま。
しろいところに かおを かいてね。

1 たてに おりすじを つける

2 まんなかまで おる

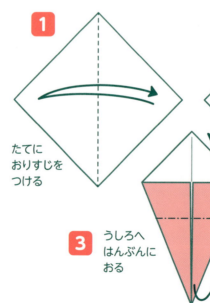

3 うしろへ はんぶんに おる

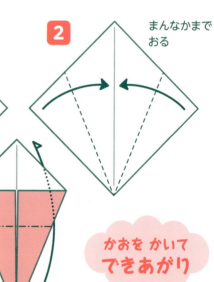

4 うしろに おる

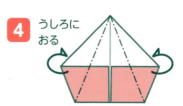

5 うしろに おる

かおを かいて
できあがり

育ててみよう！

飼育・栽培プラン

園で飼育しやすい生き物と、
栽培しやすい野菜や植物を紹介します。
自然への興味・関心が広がり、
子どもたちの心も豊かになるでしょう。

育ててみよう！
飼育・栽培プラン

小さな生き物を飼育してみよう

比較的、園で飼育しやすい生き物を紹介します。
小さな生き物との出会いは、きっと子どもの心を豊かに育ててくれることでしょう。

飼育する保育室の環境設定

　蓋付きの透明のケースが飼育に向いています。市販されている物がありますので、有効に活用しましょう。
　ケースは子どもの目線に合わせた高さの所に置き、風通しの良い日陰が適しています。飼育している生き物に興味をもったときにすぐ調べられるように、周りに図鑑や絵本を用意しておきましょう。また、虫めがねを数本かごの中に入れておき、いつでも観察できるようにしておきます。

飼育時に配慮したいこと

飼育の決定は全員で
　クラスで飼育を始める前に、子どもたち全員と話し合って決めましょう。

世話はみんなで
　子どもと保育者が一緒に世話をします。保育者だけで行なわないように、子どもの年齢に合った世話ができるように工夫しましょう。

情報を共有しよう
　飼育中の生き物に変化があったときは、クラスみんなに知らせます。卵から赤ちゃんが生まれたうれしいことも、死んでしまった悲しい出来事も伝えます。どうしてそうなったのか、子ども自身が考えられるようにすることが大切です。

保護者にも理解してもらおう
　お便りなどで、飼育の様子や生き物の様子を伝え、子どもたちが大切にしていることを理解・支援してもらえるようにしましょう。

年間飼育カリキュラム例

ここに挙げた生き物を、いつどのように飼育するかは、情報をもとに、世話ができるかどうかを考慮して、子どもたちと一緒に決めていきましょう。

「生き物の生態を知る」「いのちへの理解と想う心を育てる」「思いやりを育てる」というねらいを踏まえ、準備と飼育活動を計画しましょう。

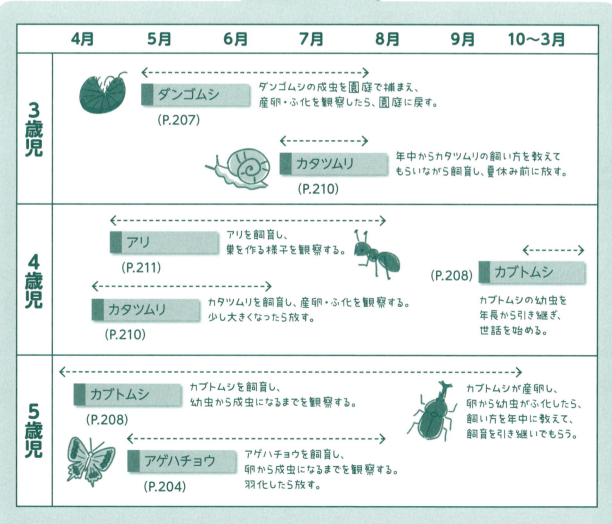

	4月	5月	6月	7月	8月	9月	10〜3月
3歳児		ダンゴムシ (P.207) — ダンゴムシの成虫を園庭で捕まえ、産卵・ふ化を観察したら、園庭に戻す。		カタツムリ (P.210) — 年中からカタツムリの飼い方を教えてもらいながら飼育し、夏休み前に放す。			
4歳児		アリ (P.211) — アリを飼育し、巣を作る様子を観察する。	カタツムリ (P.210) — カタツムリを飼育し、産卵・ふ化を観察する。少し大きくなったら放す。			カブトムシ (P.208) — カブトムシの幼虫を年長から引き継ぎ、世話を始める。	
5歳児	カブトムシ (P.208) — カブトムシを飼育し、幼虫から成虫になるまでを観察する。	アゲハチョウ (P.204) — アゲハチョウを飼育し、卵から成虫になるまでを観察する。羽化したら放す。				カブトムシが産卵し、卵から幼虫がふ化したら、飼い方を年中に教えて、飼育を引き継いでもらう。	

育ててみよう！
飼育・栽培
プラン

アゲハチョウ

チョウチョウの中でも大きく、模様もきれいなアゲハチョウ。全国に分布し、里山から民家の周辺まで広範囲で見られ、なじみがあります。幼虫は、若葉をよく食べるので、こまめに新鮮な若葉を入れましょう。子どもたちには、霧吹きで水を掛ける世話をしてもらうといいでしょう。

観察のポイント

どんな目と口をしている？

成虫は花の蜜を吸う口部が、ストローを巻きつけたようになっているので、その形を観察してみましょう。

幼虫は、左右12個の目をもっているようです。人間と違って、目がたくさんあることを、子どもたちは不思議に思うでしょう。他の生き物と比べたりしながら「おもしろいな」と思えるように関わっていきましょう。

飼育上のポイント

サナギにはハチやハエなどのいろいろな寄生虫が付きます。寄生虫が入らないようにネットを掛け、葉に付いた場合は、ティッシュペーパーで拭くようにしましょう。

モンシロチョウ

全国に分布し、3月～10月頃まで野原や畑、町中の花壇に飛んでいるのをよく見かけるチョウチョウです。

ふ化した幼虫は、緑色食草を食べてアオムシになり、4回脱皮をして3cmほどの大きさになってさなぎとなります。

観察のポイント

卵を産み付けるところを見てみよう

春、園庭に菜の花かキャベツの苗を植えておけば、モンシロチョウがやってきます。卵を産み付けるところを、観察できる確率が高いでしょう。

卵と幼虫を見てみよう

モンシロチョウなどシロチョウ科のチョウチョウは、卵も幼虫も小さいので、虫めがねで観察してみましょう。

飼育上のポイント

幼虫時代に寄生されやすいので、なるべく卵から飼い、ケースの蓋にネットをかぶせるようにしましょう。卵が付いている食草を枯らさないように、水をはった瓶に挿して、鮮度を保つようにします。

チョウチョウ・ガの飼育と環境づくり

ほとんどのチョウチョウとガの仲間は、以下の方法で飼育することができます。

幼虫の食草を瓶に挿す方法

幼虫を見つけたら、その枝ごと持ち帰り、水の入った瓶に挿して育てます。幼虫が水に落ちないように、瓶の口をラップや脱脂綿でふさぎます。

瓶が入る大きなケースに入れ、幼虫に寄生する小型のハチやハエが入らない細かい網目のネットをかぶせておきます。ストッキングでも代用できます。

食草は、1日1回新しい物を多めに入れ、水も毎日取り替えましょう。

ケースの底にペーパータオルを敷いておくと、フンなどの掃除が楽にできます。フンを放置するとカビが生え不衛生になるので、毎日掃除します。

幼虫の食草をケースの底に置く方法

ケースの底に、湿らせたペーパータオルを敷きます。湿り加減は、水に浸した後、絞って水が垂れない程度にします。湿らせたペーパータオルの上に食草を載せ、幼虫を入れます。この方法の場合は、鮮度を保つのが難しいので、朝、晩の1日2回、食草を入れ替えましょう。ペーパータオルも毎日に取り替えます。

この方法の利点は、食草をペーパータオルに置くだけなので、小さめのケースでも飼育できるところです。

蓋については同様に、ハエなどが入らないように工夫しましょう。

育ててみよう！飼育・栽培プラン

テントウムシ

　一般的に赤地に7つの星をもつナナホシテントウがよく知られています。春から秋まで見ることができる身近な虫。テントウムシは葉っぱを食べていると思いがちですが、実際多くのテントウムシは、幼虫の頃からアブラムシ（アリマキ）を食べます。そのためアブラムシの集まる草（カラスノエンドウ、バラ、キク　など）によく生息し、卵も近くに産みます。ナナホシテントウの他、カラフルな模様をもつナミテントウもいます。自分のいのちを守るための警戒色といわれています。

飼育方法

　明るい草むらがテントウムシの住みか。5月の連休明けには、テントウムシのサナギを見つけることができます。サナギを見つけたら草ごと抜いて持ち帰り、水をはった瓶に挿してケースに入れ、網で蓋をしておきましょう。サナギは世話の必要がないので手軽に飼育を始められます。7日ほどで成虫になります。

　幼虫も成虫もアブラムシを食べるので、アブラムシが付いている植物を2、3日に一度入れます。幼虫を飼育する場合は、葉から落ちて水に溺れることがあるので、瓶の口にティッシュペーパーなどを詰めて閉じておきましょう。

観察のポイント

自分の指にはわせて飛ばしてみよう

　テントウムシは噛んだりしないので、たくさん触れてみましょう。上に登っていく習性があるので、手のひらにのせて人さし指を上に上げると、指先まではっていきます。はねをぱっと広げ天に向かって飛んでいく様子を観察することができるでしょう。

テントウムシは臭い！

　黄色い汁の匂いを嗅いでみてください。ツンとくる匂いです。これは関節部から分泌する体液で、この匂いで外敵から自分を守っているんだと、考えるきっかけになります。

死んだふりをするテントウムシ

　捕まえようと触れると、足を引っ込めてひっくり返ることがあります。そのままじっと待つと、また足をばたつかせて起き上がり、歩き始めます。テントウムシの死んだふり作戦。かわいい瞬間です。

羽化を観察しよう

　サナギから7日ほどで脱皮して成虫になります。羽化してから数時間は体が湿っており、模様もありません。その後少しずつはねの模様が浮かび上がっていき、その様子を見るのもおもしろいでしょう。

飼育環境づくり

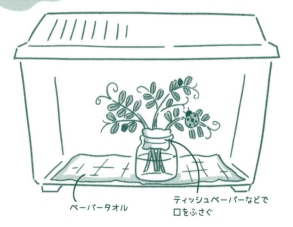

ペーパータオル　　　ティッシュペーパーなどで口をふさぐ

ダンゴムシ

名前の通り、団子のように丸くなるのがかわいい、子どもに人気のダンゴムシ。敵から身を守るために丸くなります。森よりも民家や公園など、人の住む所に生息します。じめじめした場所を好み、石の下や植木鉢の裏などで見かけます。噛むこともないので、小さな子どもでも愛着をもって触れることができます。

オスとメスの違いが区別しやすいのも特徴で、背中が黒いのがオス、金色の点模様が付いているのがメスです。

飼育方法

適度な湿り気と食べ物、大きめの石や割れた植木鉢を入れてあげると、その裏に付いて暮らします。食べ物は主に枯れ葉。他には煮干しやキャベツ、ジャガイモ、卵の殻などを与えます。

世話は霧吹きをするだけなので、年齢に応じて飼育・観察しやすく、子どもでも簡単に飼育できます。

飼育環境づくり

- 割れた植木鉢や大きめの石
- 土を入れて枯れ葉を置く
- 霧吹きで水を掛け、適度な湿り気を保つ

観察のポイント

迷路を作って観察してみよう

ダンゴムシは、分岐路で右または左に進む方向を変えた場合、次の分岐路では前に右に曲がったものは左へ、左に曲がったものは右へと前の回転方向に対し逆方向に転向します。つまり二度続けて同じ方向へは曲がらないという反応をします。アリやゴキブリにも見られる反応です。この反応を利用して、ダンボール板などで作った迷路で実験してみるのもおもしろいです。

ダンゴムシの足は何本ある？

実際は14本ですが、動いたり丸まったりするダンゴムシの足の数をかぞえるのも楽しいです。10本以上数えられない子どももいますが、自分なりに一生懸命数えてみるのもいい経験になります。

枯れ葉を食べる様子を見てみよう

枯れ葉を1枚入れた容器にダンゴムシを数匹入れてみます。数日できれいに枯れ葉が食べられていく様子を見ることができます。写真に撮って変化を観察してみましょう。

いのちを考える

初めは空のケースに入れっぱなしにして、全部死んでしまうことも。「どうして死んでしまったのかな？」と話し合います。虫と関わる姿勢をもつことで、いのちに対しての理解と関心がどんどん深まります。

飼育・栽培プラン　小さな生き物を飼育してみよう　テントウムシ／ダンゴムシ

カブトムシ

オスには立派な角があり、子どもたちに人気の昆虫です。日本には、体の小さいものや、オスにも角がないものなど、全部で4種類のカブトムシが生息しています。

チョウ類などの昆虫と異なり、成虫のカブトムシは飼育しやすいですが、幼虫は常に土の中にもぐり、幼虫も日中は土の中にいることが多いので、観察するのに工夫が必要になります。「観察のポイント」を参考に、カブトムシの土の中の生活も見てみましょう。

成虫の飼育方法

清潔な養土を7～8cmほどの高さになるようにケースの中に入れます。そこへ太めの朽ち木を斜めに立つように入れておきます。養土は常に適度に湿った状態にしておくことが大切です。夏は温度が高すぎると弱るので、風通しの良い日陰に置きます。またコバエが入らないように、ケースにネットを掛けてもよいでしょう。

エサは、カブトムシ用のゼリーをエサ台に入れておきます。スイカやメロンなどは水分が多く栄養価が低いので、与えないほうがいいでしょう。

オス同士はけんかをするので、1ケースに1匹だけ入れ、一緒にメスを2～3匹入れます。

幼虫の飼育方法

メスが卵を産んだ後、成虫のケースと分け、通常より湿り気を多めにした養土でふ化を待ちます。

養土は、ケースの9割程度まで入れます。ケースは頭数に対してゆったりした大きいサイズのものを用意しましょう。冬の間は室温が0度以下にならないように気を付けます。暖かすぎて早く成長してしまわないように、玄関など、暖房が入ってこない場所に置きます。

幼虫は、養土に含まれる木くずを食べています。大きくなったら、朽ち木の破片を足しておきます。またフンが多く見られるようになったら、ふるいにかけてフンを取り出し、養土を足したり、交換したりしましょう。

飼育環境づくり

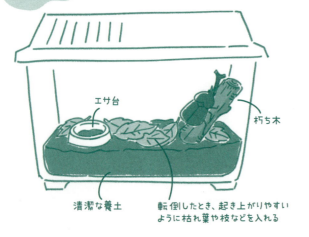

- エサ台
- 朽ち木
- 清潔な養土
- 転倒したとき、起き上がりやすいように枯れ葉や枝などを入れる

飼育環境づくり

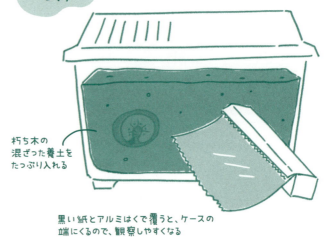

- 朽ち木の混ざった養土をたっぷり入れる
- 黒い紙とアルミはくで覆うと、ケースの端にくるので、観察しやすくなる

観察のポイント

土の中の幼虫を見るために
　幼虫は光を避けて土にもぐるので、ケースの養土が入った部分に、黒い紙とその上にアルミはくをかぶせて覆っておきます。すると壁際に寄ってくるので、姿が見やすくなります。覆いは、光が入らないようにぴったり付けておかないと効果がないので、ゴム紐などで上下を押さえるように取りつけましょう。

サナギの様子を見てみよう
　サナギになった1つを取り出してケースに入れておくと、姿がよく分かります。羽化はほとんど夜なので、観察するのは難しいですが、羽化した後のしばらくじっとしている様子を観察することができます。

成虫は力持ち！
　成虫になったカブトムシを持ってみると、とても軽いことにびっくりします。しかし、とまり木を持ち上げるほど、体は小さいのに力持ちです。ただ、あまり触りすぎると弱ってしまうので、気を付けましょう。

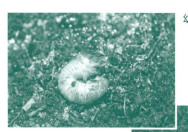
幼虫

サナギ（オス）

飼育上のポイント
　養土の湿度管理は、子どもには難しいので、時々保育者が様子を確認しましょう。乾燥していれば霧吹きなどで加湿します。
　幼虫に触ってもいいのは、養土を全部交換する10月と4月頃だけ。頻繁に外に出したり、触ったりしないようにしましょう。

樹液に集まってくる

力勝負が始まる

カブトムシの捕獲

　カブトムシの成虫は、7月中旬から8月の期間、夜活発に活動します。クヌギやコナラの樹液に集まるカブトムシを捕まえることができます。ただ、暗くなってからの森は危険がたくさんあるので、園児とともに捕獲することは避けましょう。
　幼虫は、4月から6月にかけて、落葉樹の朽ちた木の枝や木くず、落ち葉が多く堆積している所を掘ってみると、大きく育った幼虫を見つけることができます。特に雨上がりは、地面近くまで上がってきているので、発見しやすくなります。幼虫を捕獲するときは、傷つけないように軍手をして、そっと掘り出すようにします。

飼育・栽培プラン　小さな生き物を飼育してみよう　カブトムシ

育ててみよう！飼育・栽培プラン

カタツムリ

ゆっくりとした動きと、出したり引っ込めたりする目や角がかわいいカタツムリ。子どもでも簡単に飼育できる初心者向けの生き物です。4月から6月頃に湿気の多い場所で見かけます。雑食で水分の多い野菜はほぼなんでも食べます。

雌雄同体（オスにもメスにもなれる）なので、2匹以上同じケースに入れておくと初夏頃に交尾し、卵を産みます。暑い夏は殻の中に膜を張って閉じこもります（夏眠）。日陰を作ってあげて、観察しましょう。

飼育方法

ケースに湿らせたペーパータオルを敷き、野菜とカルシウム補給のために卵の殻を入れておきます。湿気を保つために毎日霧吹きをしましょう。

産卵させるためには、土が必要です。瓶に5〜10cmの土を入れ、2匹以上のカタツムリを入れて飼育します。一度にたくさんの卵を産みます。

カタツムリは、夏眠や越冬が難しいので、梅雨が終わる頃には園庭に放してあげましょう。園庭に植木鉢を逆さまにした物を置いておくと、その中を住みかにすることもあります。

観察のポイント

歯は1万本以上もある！

カタツムリは歯舌と言われる所で擦り潰して食事をします。ケースの壁を歩いているときに、その様子を見ることができます。

器用に歩くカタツムリ

木の枝に乗せて、霧吹きをして待つと、ゆっくり歩きだします。細い木の枝や鉛筆でも、細い所を歩くのが上手。器用に歩く様子を見てみましょう。

触角は再生する！

2対の触角があり、大きい触角の先には目があり、小さい触角で匂いを感知します。触角がとれても100日くらいで再生します。触角がとれたカタツムリを見つけたら、観察してみましょう。

殻をもって生まれてくる

カタツムリは赤ちゃんのときから殻をもって生まれてきます。大人がそのまま小さくなったみたいで、そのかわいさに感動します。ただ、カタツムリの赤ちゃんは、大きく成長させるのが難しいので、赤ちゃんが生まれたら、逃がしてあげた方がいいかもしれません。

飼育環境づくり

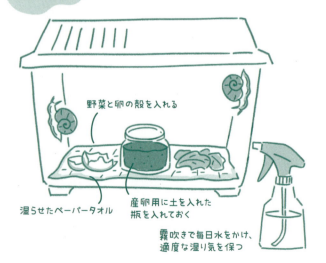

- 野菜と卵の殻を入れる
- 湿らせたペーパータオル
- 産卵用に土を入れた瓶を入れておく
- 霧吹きで毎日水をかけ、適度な湿り気を保つ

アリ

日本には何百種類ものアリが生息していて、大きさや形、食性、家族形態なども様々。ハチなどと同じようにアリには、働きアリ、女王（メス）アリ、オスのアリがいます。働きアリも通常は卵を産まないオスのアリ。家族形態が進化したアリでは、働きアリの一部が兵隊アリとなり、大きな体と牙のようなアゴを持つように変化していきます。

卵から生まれたアリは、大きくなるまで全て成虫に世話をしてもらいます。初めの働きアリたちが育つまで、女王アリが1匹で全て世話をします。

飼育方法

大小の透明のケースを重ね、その隙間に適度に湿らせた土を入れます。こうすることで、どの面も土の厚さが薄くなり、アリが巣を作ると通路が見やすくなります。

アリが小さいケースに落ちないように、ペーパータオルや蓋で塞いでおきましょう。大きいケースの蓋は、エサやりなど以外では常に閉めておきます。アルミはくで覆い、光が入らないように包んで巣ができるのを待ちます。動物性のエサや、アリが好む甘い物を与えます。

飼育環境づくり

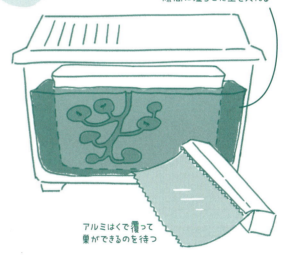

大きなケースに小さなケースを入れ、隙間に湿らせた土を入れる

アルミはくで覆って巣ができるのを待つ

観察のポイント

働きアリの仕事を見てみよう

エサをどのように運ぶのか、幼虫や女王アリをどのように世話しているか、働きアリの様子を観察してみましょう。

飼育上のポイント

土は殺菌したものを使いましょう。晴天時、大きなビニールシートに土を広げ、時々かき混ぜながら2時間ほど直射日光を当てます。

湿度不足に弱いので、土全体が湿るようにスポイトなどで水を入れましょう。土が汚れたら、中の巣を壊さないようにその部分を取り除き、殺菌した土を入れておきます。

アリの捕獲

アリは社会性のある昆虫。家族で捕まえなければ飼育できません。必ず同じ巣のアリを捕獲しましょう。同種であっても、違う巣のアリを同士を入れるとお互い殺しあってしまいます。

また、捕獲するときは軍手をして、かまれないように気を付けましょう。

飼育・栽培プラン　小さな生き物を飼育してみよう　カタツムリ／アリ

育ててみよう！
飼育・栽培プラン

スズムシ

スズムシは草むらの下など、やや陰湿な場所を好みます。体はスイカの種を大きくしたような形で、黒色。長い触角をもちます。オスはリーンリーンと鳴き、メスに愛情を訴えます。メスが気に入るとオスの背中に乗り、交尾します。飼育下では、交尾が終わるとオスはメスに食べられることが多いです。

スズムシを飼育する文化は、江戸時代に始まったと言われています。子どもが「秋」を心で感じられるように、ぜひ保育の現場でも飼育して、子どもたちと一緒にスズムシの鳴き声に耳を傾けてみましょう。

飼育方法

赤玉土や砂をケースの2〜3cmの所まで入れ、スズムシがとまれるように、かまぼこの板や小さなベニヤ板を入れておきます。エサにカビが生えないように注意しながら、霧吹きで湿り気を与えましょう。

エサは少量ずつ毎日与えます。ナスやキュウリを串に刺しておくと長持ちします。雑食性なので、煮干しやかつお節、金魚のエサなども食べます。

交尾を終えると2mmくらいの卵を産みます。4月末から5月頃にふ化して、小さい幼虫が土から出てきます。この時期に乾燥させないように気を付けましょう。

飼育環境づくり

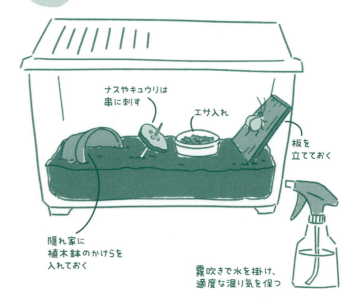

- ナスやキュウリは串に刺す
- エサ入れ
- 板を立てておく
- 隠れ家に植木鉢のかけらを入れておく
- 霧吹きで水を掛け、適度な湿り気を保つ

観察のポイント

卵を見つけよう
細長くて白いので、見つけやすいです。小さなお米みたいで、子どもたちは一生懸命探します。

スズムシの鳴き声を聞いてみよう
スズムシは夜によく鳴くので、ケースの周りを画用紙などで囲み、暗くしておきます。鳴くのはオスだけ。どんな鳴き声がするか、聞いてみましょう。

はねの形がハート！
スズムシは鳴くとき、丸いはねを上に上げるので、それがハートの形に見えます。よく観察してみましょう。

飼育上のポイント
ケースにアリが侵入して、幼虫が食べられてしまうこともあります。できるだけ室内で飼育しましょう。

スズムシは自然の中で見つけることが難しいので、量販店などで購入して飼育するのもいいでしょう。

園庭に虫を呼び寄せよう

虫を好物で誘ってみましょう。どんな生き物が集まってくるかな？
園庭で実験！ 観察して身近な自然体験を楽しんでみましょう。

肉食の虫

マイマイカブリ・ハンミョウなど

瓶にソーセージやササミを入れ、瓶の中に土が入らないように土に埋めておきます。
翌朝、瓶の中にマイマイカブリやハンミョウが入っていることがあります。

木の汁を吸う虫

※子どもが口に入れないように注意しましょう。

カブトムシ・クワガタ・カナブンなど

黒砂糖200g、焼酎200mℓ、酢大さじ2杯の割合でよく混ぜ、木の幹に塗っておきます。

皮をむいたバナナに焼酎を何度も重ねて塗り、発酵させます。ガーゼに包んで木に吊るしておきましょう。

育ててみよう！
飼育・栽培プラン

野菜・植物を栽培してみよう

鉢やプランターで子どもたちと一緒に栽培・観察しやすい野菜や植物を紹介します。
自然への興味・関心が広がり、豊かな感性が育まれることでしょう。

栽培活動で豊かな経験を

栽培活動を通して自然への興味・関心を深めよう

　自然は、子どもの健全な成長・発達に欠かすことのできないものです。特に幼児期は、とても柔軟で心が動く時期といわれています。この時期での自然体験がとても重要になってきます。

　みんなで植えて、世話をして「わあ、きれい」「いいにおい」「おもしろい」「なんでだろう」といった、様々な感覚や疑問をもつ体験が大切です。

栽培カレンダーを作りみんなに関心をもってもらおう

　保護者にも関心をもってもらえるように栽培カレンダーを作って、子どもたちが今どんな栽培活動をしているのか、何を育てているのかを知ってもらいましょう。

　子どもたちと話し合い、何を育てていくかを決めて計画し、みんなで栽培カレンダーを作って、目に付きやすい所に掲示しておきましょう。

P.222〜223に「栽培カレンダー」を紹介しています。

キュウリ・トマト

🌱 *栽培に適した時季*
5月中旬に種まきをし、7〜8月頃に収穫

用意する物
種（キュウリまたはトマト）／培養土（花・野菜用の土）／鉢（8〜10号）
肥料（固形の化成肥料）／鉢底石または網／支柱／ワイヤー

キュウリ　　トマト

❶ 種まき

鉢に鉢底石と土を入れ、キュウリは1つの鉢に、深さ1cmの所に1cm間隔で3つの種をまきます。トマトは、鉢の中央に3〜5粒の種を、深さ1cmくらいの所にまきます。

❷ 水やり

鉢は日当たりの良い所に置き、発芽するまで朝と夕方に、種が流れないように優しく水やりをします。

❸ 間引き

双葉が出たら、元気の良い1本を残して間引きます。この時期の水やりも朝と夕方にします。

❹ 追肥

5月下旬頃から2〜3週間に1回、根元に20粒ほどの肥料をやります。

❺ 摘花・摘果・収穫

本葉が出た頃、支柱を立てて苗をワイヤーで留めます。生長したら1つの実に必要な葉3〜4枚を残して、不要な雌花や果実は取ってしまいます（摘花・摘果）。朝夕たっぷりと水やりをし、7〜8月頃に収穫します。

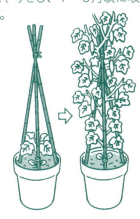

栽培上のポイント

- 葉っぱにじょうろや霧吹きで直接水を掛けるといいでしょう。葉からも水を吸収し、害虫などを洗い流すことにもなって、丈夫に育ちます。
- トマトの種はとても小さいので、なくさないように子どもたちと話し合っておきましょう。
- 固形の肥料は粒が小さめの物を使います。子どもが誤って口に入れる可能性がある場合は、液体肥料を表示通りに薄めて、週1回くらいのペースで与えましょう。

育ててみよう！
飼育・栽培プラン

サツマイモ

栽培に適した時季
5月中に植え付けをし、9月下旬～10月頃に収穫

用意する物
芋苗（サツマイモ、ムラサキイモなどの苗）／培養土（花・野菜用の土）
プランター（大型で深さがある物）／鉢底石または網

1 準備
プランターに鉢底石と土を入れます。

2 苗植え
苗は寝かせて、茎の半分くらいが土の中に入るように植えます（斜め植え）。植えたらすぐに土が流れないように優しく水をやります。

3 水やり
日当たりの良い場所に置き、毎日水やりをしましょう。1週間ほどで苗が根付きます。葉が枯れてしまうこともありますが、徐々に新しい葉が出てきます。

4 生長観察・収穫
水やりを続け、生長観察をしながら収穫を持ちます。9月下旬から10月に収穫できます。

ヘチマ

栽培に適した時季
4月下旬～6月上旬に種まきをし、8月～9月頃に収穫

用意する物
ヘチマの種／培養土（花・野菜用の土）／鉢（8～10号）
肥料（固形の化成肥料）／鉢底石または網／支柱

> 飼育・栽培プラン
> 野菜・植物を栽培してみよう　サツマイモ／ヘチマ

❶ 種まき・水やり

鉢に鉢底石と土を入れます。深さ2cmくらいの所に2つの種をまいて日当たりのよい場所に置き、毎日水やりをします。

❷ 間引き・追肥

本葉が出たら、元気な葉を残して間引き、更に本葉が2～3枚出てきたら、2～3週間ごとに20粒くらいの肥料を与えます。

❸ 支柱を立てる

支柱を立ててツルをはわせ、その先をフェンスや棚にはわせます。

❹ 収穫

8～9月頃、実が30～50cmくらいに生長し、硬くなったら収穫します。

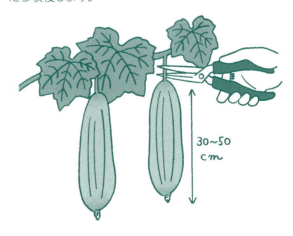

育ててみよう！
飼育・栽培プラン

オシロイバナ

🌱 *栽培に適した時季*
4月下旬～6月上旬に種まきをする。花期は7月～11月
花が咲いたら、色水あそびも楽しめる

用意する物
オシロイバナの種／培養土（花・野菜用の土）
プランター（大）または鉢（8～10号）／鉢底石または網

❶ 種まき（鉢で育てる場合）

鉢に鉢底石と土を入れ、1つの鉢に1粒の種をまきます。

種まき（プランターで育てる場合）

プランターに鉢底石と土を入れ、深さ1cmの所に15cm間隔で種をまきます。

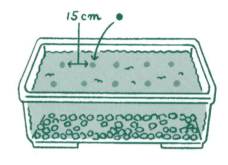

❷ 水やり

1日1回、種が流れないように水やりをします。10日ほどで発芽します。

❸ 開花

7月～11月頃まで、赤・白・黄色・紫などの花が咲きます。1株でも違う色の花が咲くことがあります。午後3時頃から咲き始め、翌朝しぼみます。花が咲いた後に、黒い種ができます。

カブ・ダイコン・ニンジン

＊栽培に適した時季＊
10月〜11月に種まきをし、2月中旬〜3月頃に収穫

用意する物
種／培養土（花・野菜用の土）／プランター（大型で深さがあるもの）
肥料（固形の化成肥料）／鉢底石または網

カブ　ダイコン　ニンジン

① 種まき

プランターに鉢底石と土を入れ、深さ1cmの所に10cm間隔で1〜2粒ずつ種をまきます。割り箸で10〜15cm間を空けて溝を2本つけてもいいでしょう。

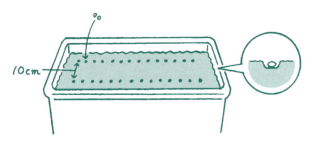

② 水やり

日当たりのよい場所に置き、発芽するまで毎日水やりをします。発芽後は、プランターの排水口から水が出るまで、たっぷり与えます。

③ 間引き・土寄せ・追肥

双葉が出たら、1cm間隔に間引きします。更に元気な本葉を残して2回目の間引きをし、株と株の間が5〜6cmになるようにします。いずれも株がぐらつかないように土を寄せておきましょう。2回目の間引き後は、プランター全体に肥料をばらまき、その後3週間に一度くらいの間隔で肥料を与えます。

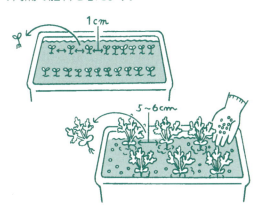

④ 収穫

2月中旬〜3月頃に収穫です。収穫せずにそのまま5月頃まで生長させておくと、花を見ることができます。

栽培上のポイント

- 種をまいた後の水やりは、種が流れないように注意しましょう。
- 種をまいたら害虫が付かないように、虫除けネットをかぶせておくと安心です。
- ニンジンの種はとても小さいので、なくさないように子どもたちと話し合っておきましょう。
種類によって収穫時季が異なりますので、種の袋に書いてある時季を確認しておきましょう。

育ててみよう！飼育・栽培プラン

ヒヤシンス・クロッカス

栽培に適した時季
10月下旬〜11月中旬に室内で水栽培を始める

用意する物
球根／水栽培用容器（ヒヤシンス、クロッカスの専用容器）
黒色画用紙

ヒヤシンスの水栽培

クロッカス

1 栽培を始める

栽培は、水温が15℃くらいになる10月下旬〜11月中旬に始めます。水栽培用容器に水を入れ、球根を置きます。球根が腐らないように、水は球根の底がちょっとつくくらいにします。

2 光を遮断する

直射日光が当たらない窓辺に置き、根が容器の2/3に達するまで、円錐形にした黒色画用紙で、光を遮断します。

3 生長観察

根が容器の2/3以上伸びてきたら黒色画用紙を外し、水の量を減らします。毎日生長の様子を観察しましょう。

4 花が終わったら

花が終わったら、球根を鉢の中に入れて休眠させます。翌年は花が咲かないことが多いですが、その次の年には、またきれいな花が咲くでしょう。

栽培上のポイント

- きれいな花を咲かせるためにも、球根選びが大切です。できるだけ重く、形がきれいでしっかりした物を選びましょう。割れている物、カビが生えている物は避けます。

食虫植物

＊栽培に適した時季＊
1年中

用意する物
食虫植物の苗（ハエトリソウ、モウセンゴケ　など）
水ゴケ／植木鉢／植木鉢の受け皿

ハエトリソウ
貝が口を閉じたような形の葉が特徴。カやハエが触れると素早く閉じて虫を捕食し、消化液で溶かして栄養にする。

モウセンゴケ
葉のせん毛から、虫が好む甘い香りやネバネバした液を分泌する。この液に虫がくっつくと、葉とせん毛が虫を包むように曲がり、消化吸収する。

1 苗植え

植木鉢に水ゴケを入れ、食虫植物を植えます。湿気を好みますので、水ゴケが乾かないように、受け皿にいつも水が入っている状態にしておきましょう。

2 生長観察

株が根付くと、初夏から夏頃に花が咲きます。夏は直射日光を避け、半日陰に置きます。寒さに弱い植物なので、冬は日の当たる窓辺に置きましょう。

ミント

＊栽培に適した時季＊
1年中

用意する物
ミントの苗（アップルミント、ペパーミント　など）
赤玉土・腐葉土

ミント

1 土づくり

園庭の土を掘り起こして柔らかくし、赤玉土と腐葉土を同じ割合で混ぜ込みます。

2 苗植え・水やり

苗を植えたら、苗が土になじむまで、毎日水やりをします。冬に入る前に軽くせん定しておくと、次の年にどんどん新芽が出てきます。

育ててみよう！飼育・栽培プラン

年間栽培カレンダー例

模造紙大で作り、子どもたちにも分かりやすいように写真やイラストを取り入れて、表示に工夫して掲示してみましょう。

	4月	5月	6月	7月	8月
キュウリ (P.215)		〈種まき〉		〈花期・収穫期〉 黄色い花（雌花・雄花がある）がつき、受粉後小さなキュウリの実ができ始める。	
トマト (P.215)		〈種まき〉		〈花期・収穫期〉 6月頃から茎や葉に白い毛が生える。小ぶりの黄色い花をつけ、受粉後緑色の実をつける。	
サツマイモ (P.216)		〈苗植え〉 ほとんど根のない状態で植える。		〈花期〉 アサガオに似た花が咲く。	
ヘチマ (P.217)		〈種まき〉 本葉がしっかり育ってくる5月頃から巻きツルが出てくる。		〈花期・収穫期〉 7月頃から鮮やかな黄色の花が咲く。実が硬くなったら収穫する。	
オシロイバナ (P.218)		〈種まき〉		〈花期〉 ピンク・黄色・白など色とりどりの花が咲く。花は夕方〜夜間に開花する。	
カブ・ダイコン (P.219)	〈花期〉				
ニンジン (P.219)		〈花期〉 小さく白い花が集まって咲く。			

ニンジンの花

飼育・栽培プラン

野菜・植物を栽培してみよう　年間栽培カレンダー例

使いたい大きさに拡大コピーして着色し、園の栽培カレンダー作りにご活用ください。

▶ 9月　▶ 10月　▶ 11月　▶ 12月　▶ 1月　▶ 2月　▶ 3月

〈収穫期〉
茎は食べられるのでとっておく。
（茎の皮をむき、だしで炊く）

花が終わったら緑色の実ができ、
1週間ほどで黒い種になる。

ダイコンの花

〈種まき〉

〈収穫期〉
収穫せずにそのままにしておくと花が咲く。
花が咲いた後に種ができる。

〈種まき〉
1週間ほどで発芽する。
新芽は糸のように細い。

〈収穫期〉

育ててみよう！
飼育・栽培プラン

植物の力を借りて土作り

　園庭の土がグラウンドのように硬くて、植物が育たないということがよくあります。そんな園庭を肥よくな土壌に変えるためには、植物の力を借りるといいでしょう。

　例えばシロツメクサは、やせた土地でもよく育ち、その土を栄養のある土に変えてくれます。これは、シロツメクサの根にある根粒菌が窒素を抱き込み植物の栄養になるからです。他に同じ働きをする植物では、レンゲソウ、アカツメクサなどのマメ科の植物があります。

　特に荒地などにいち早く生えてくるヤマモモ、ハンノキ、グミなどは、葉にも窒素分が多く含まれているため、落葉することで土に栄養を与えてくれます。

シロツメクサを育てよう

日当たりのよい樹木の周りなどの土をよく耕し、そこにまんべんなくシロツメクサの種をまいて土を少しかぶせ、毎日水やりをします。夏が終わるとシロツメクサは枯れてしまいますが、その土壌は栄養のある土に変わっていますので、他の草がしぜんと生えてよく育つようになります。

落ち葉で土に栄養を

園庭の落ち葉は、木の根元や植物が育ってほしい場所にまいておきましょう。落ち葉が腐ってくるとダンゴムシやミミズなどが食べ、それらのフンが微生物によって分解され、土になっていきます。

子どもと一緒に害虫駆除

　栽培の過程で、植物にいろいろな虫が付いて悩まされることがあります。殺虫剤を使わずに、子どもと一緒にできる害虫駆除をしてみましょう。

牛乳を使ってアブラムシを退治

野菜などの苗にアブラムシが付いてしまったときに有効です。牛乳を水で3倍くらいに薄め、霧吹きの容器に入れます。これをアブラムシが付いている所に吹き掛けます。数日でアブラムシが付かなくなります。

定期的にナメクジを退治しよう

出たばかりの芽をナメクジに食べられてしまうことがあります。特に、植木鉢やプランター栽培の場合、底の裏にナメクジが隠れていることが多いです。時々、鉢やプランターを持ち上げて底を確認し、子どもたちとナメクジを定期的に取り除くようにします。ピンセットや割り箸を使うといいでしょう。

子どもたちに
伝えよう！

行事の由来

七夕や節分などの行事は、いつ、何から起こり
どのように現在まで伝わってきたのでしょう。
まず、保育者が正しく知って、
やさしい言葉で子どもたちに伝えていきたいですね。

こどもの日

　5月5日のこどもの日は、「端午の節句」とも言われ、子どもの成長をお祝いする日です。もともとは男の子をお祝いする日でした。

　1948年に、5月5日が「こどもの人格を重んじこどもの幸福をはかるとともに、母に感謝する」国民の祝日と定められ、男の子のためのお祝いだったものが、子どもたちみんなをお祝いするようになりました。子どもだけのお祝いではなく「母に感謝する」という意味もあったのですね。

「かぶと」や「こいのぼり」を飾るのはなぜ?

　かぶとやよろいは昔、体を守るために使われていました。「災いから身を守る」という意味合いから、子どもの身を守って健やかに育つことを祈願して飾られるようになったそうです。

　また、こいのぼりを飾るのは、滝をも登る強いコイのようにたくましく育ってほしいという願いが込められています。

どうしてかしわもちを食べるの?

　カシワの葉でお餅を包んだものが「かしわもち」。カシワの葉は、新芽が出るまで落ちないことから、「家系が絶えない」と縁起物として扱われました。江戸時代から端午の節句に食べる習慣が根付いたと言われています。

なぜ菖蒲湯に入るの?

　ショウブの葉は香りが強いため、病気や悪いものを追い払ってくれるとされています。ずっと昔からショウブの葉を入れたお湯につかるといいと考えられていたようです。子どもが病気をしないで元気に育つよう願いを込めて菖蒲湯に入るようになったのですね。

子どもたちに伝えよう! 行事の由来

七夕

　7月7日の七夕は、ササの葉に願い事を書いた短冊を飾ったり、織姫と彦星の話を聞いたり、子どもたちにとっても楽しみにしているイベントです。ササに願い事を書いて飾るのは、日本独自の文化。地域によっても様々なイベントがあるようです。

どうして「たなばた」っていうの？

　七夕の由来は諸説ありますが、着物を織る機械が「棚機（たなばた）」と呼ばれており、いつしか「七夕」に変わっていったようです。

ササに短冊を飾るのはなぜ？

　ササは、天に向かって生長し、サラサラと音を出します。この音が先祖の霊を呼ぶとされ、ササは神聖なものと言われています。天や先祖に願いが届きますようにと、ササに短冊を飾るようになったのですね。

織姫と彦星の伝説

　織姫は着物を織る仕事をしている美しい女性でした。父である天の神様が、天の川の岸で牛飼いをしている働き者の彦星と引き合わせ、2人は結婚しました。

　しかし2人は遊んでばかりで働かなくなってしまい、人々の着物もボロボロになり、牛も病気になり、みんなが神様のところに文句を言いに来ました。

　怒った神様は2人を天の川の両岸に引き離し、織姫と彦星は離れ離れになってしまいました。織姫は悲しみのあまり毎日泣いてばかり。そんな姿を見た神様はかわいそうに思い、1年に1度、7月7日の夜だけは彦星と会うことを許したのです。それから2人は会える日を楽しみに一生懸命働きました。

　ようやく2人が会える日が来ました。しかし、水かさが上がった天の川を渡ることができません。そこに、どこからともなくカササギが現れて、天の川に橋をかけてくれました。

　今でも織姫と彦星は、毎年その橋を渡って再会し、愛を確かめ合っています。

敬老の日

子どもたちに伝えよう！行事の由来

　敬老の日は、毎年9月の第3月曜日。兵庫県多可郡野間谷村（現在の多可町）で行なわれていた敬老行事「としよりの日」が始まりとされています。
　のちに「敬老の日」と改称され、9月15日が国民の祝日として制定されました。2003年以降、第3月曜日に日付が変更され現在に至っています。

「敬老の日」の意義
　敬老の日は、「多年にわたり社会につくしてきた老人を敬愛し、長寿を祝う」とされています。目上の人を敬う気持ちを日頃から大切にしたいですね。

何歳からお祝いするの？
　国連の世界保健機関（WHO）の定義では、65歳以上の人のことを「高齢者」としているので、一般的に65歳以上の人が該当するようです。しかし、当人の気持ち的な部分も大きく、老人と捉えられることに抵抗がある人が多いのも現状です。年齢に線引きせず、孫から祖父母へ、「おめでとう、ありがとう」の気持ちを伝えることが大事なのかもしれませんね。

敬老の日には何をする？
　日頃の感謝の気持ちとこれからの長寿を願って、贈り物をしたり、食事をしたりしてお祝いするのが、一般的なようです。
　園ではぜひ世代間交流の場を設け、お年寄りと一緒に手あそびしたり、歌をうたったりしてみませんか。子どもにとってもお年寄りと関わることは、社会性や思いやりの心を養うことにつながります。過ごす時間、子どもの人数、触れ合い方など、保育者がお年寄りに配慮する気持ちをもって交流するようにしましょう。

お月見

　旧暦の8月15日頃は、1年で最も明るく美しい満月が見られることから「中秋の名月」と言われます。秋の収穫時期とも重なることから、豊作を祈る収穫祭として親しまれ、新暦の現在でもお月見の風習として残っています。

十五夜とは?

　「十五夜」とは、本来満月のことで、新月から満月になるまでに約15日かかることから「十五夜」と呼ぶようになりました。

月見団子を供える意味は?

　昔、欠けても満ちる月を「生や不死の象徴」と捉え、月と同じく丸い団子を食べると健康と幸福が得られると考えられていました。団子を供えるときは、三方に載せるのが正式なお供え。三方がないときは半紙を敷きます。

ススキを飾る意味は?

　ススキは稲穂の代わりとして飾ります。子孫繁栄や豊作を見守ってくれる月の神様がおりてきてススキに乗り移ると考えられていました。

　ススキも含め、秋の七草（ハギ・キキョウ・クズ・ナデシコ・オバナ（ススキ）・オミナエシ・フジバカマ）も花瓶に入れて飾ります。

　月が見える縁側や窓辺に、月見団子やサトイモ、エダマメ、季節の果物などを供え、秋の七草を飾って月を観賞します。

子どもたちに伝えよう！
行事の由来

夏至・冬至

　1年で最も昼の時間（日の出から日没まで）が長いのが「夏至」、1年で最も昼の時間が短いのが「冬至」。夏至は太陽の位置が最も高く、冬至はその逆です。こうした太陽の様子から、夏至は太陽の力が最も強まる日で、冬至は太陽の力が最も弱まる日として古くから捉えられていました。

夏至の風習と食べ物

　夏至に太陽の力が最大になると考えられていたことから、太陽の恵みに感謝し、豊作を祈願するようになりました。夏至から11日目の半夏生（はんげしょう）までに田植えをする習わしができ、そして田植えが終わると小麦餅を作って供えるようになりました。
　関西ではこの餅を「半夏生餅（はんげしょうもち）」といいます。他に、タコの足のように広く根付いてほしいという願いから、タコを食べる風習もあります。

冬至の行事食

　冬至はこの日を境に日がのびていくので、太陽が生まれ変わる日と考えられ、「ん」のつく物を食べて「運」を呼び込みます。「いろはにほへと」が「ん」で終わることから、「ん」には一陽来復（悪いことが続いた後に幸運が開ける）の願いが込められているからです。
　ダイコン、レンコン、うどん、ギンナンなど「ん」のつく物を「運盛り」といい、縁起を担いでいます。カボチャは漢字で書くと南瓜（なんきん）。冬至にカボチャを食べるのもこのことからきています。その他の行事食にアズキを使った「冬至がゆ」、アズキとカボチャを煮た「いとこ煮」などがあります。

冬至にゆず湯に入るのはなぜ？

　ユズは「融通」がきく、冬至は「湯治」。こうした語呂合わせからゆず湯に入ると思われていますが、もともとは運を呼び込む前に厄払いをするための「禊（みそぎ）」だと考えられています。一陽来復のために身を清めるのですね。また、ユズは実がなるまで長い年月がかかるので、長年の苦労が実りますようにとの願いも込められています。

お正月

　もともと「正月」とは1月の別称。1日を「元日」、3日までを「三が日」、7日までを「松の内」と呼びます。15日（地方によっては20日）の「小正月」で、一連の正月行事が終わります。

　お正月は、それぞれの家庭に1年の幸せを運ぶためにやってくる年神様をお迎えする行事。そんな神様を迎えるための正月行事には、一つひとつ役割と意味があります。

門松

　古くから神を待つ木とされるマツ。神様が迷わないように目印として玄関前に飾ります。門松を飾る期間を「松の内」といいます。

しめ縄

　しめ縄は、神様の領域に不浄なものが入らないようにする役割を果たし、神聖な場所であることを示す飾りです。飾る場所は、玄関の軒下の真ん中が一般的です。

鏡餅

　年神様へのお供え物であり、鏡餅に年神様が宿るとされています。家長が餅玉（魂）を家族に分け与えたのが「お年玉」、それを体に取り込むのが「お雑煮」とされています。

初日の出

　年神様は日の出とともにやってくるとされ、元旦に初日の出を拝めば願いが叶い、その年は健康に過ごせると言われています。

おせち

　おせち料理は、神様にお供えする料理という意味の御節供（おせちく）が略されたもの。福を重ねるという縁起を担いで重箱に詰めます。火の神である「荒神様」を怒らせないように、年の暮れに作って、保存ができるものになっています。

子どもたちに
伝えよう！
行事の由来

節分

　節分とは「季節を分ける」、つまり「季節の変わり目」のことを意味します。立春・立夏・立秋・立冬のそれぞれの前日を指すもので、本来1年に4回あります。

　その中でも立春は、厳しい冬を乗り越えた時期として特に尊ばれ、次第に節分といえば、立春の前の2月3日のみを指すようになりました。旧暦では新しい年が始まる重要な日にあたり、節分は、年の節目（季節の節目）に無病息災を願う行事として定着していきました。

なぜ豆をまくの？

　季節の分かれ目には邪気が入りやすいと考えられていて、厄や災い、鬼を追い払う儀式が古代中国から伝わりました。日本は古来から「大豆」は邪気をはらう霊力があると考えられていて、宮中行事の「豆打ち」という儀式と合わさり「豆まき」の行事が広まりました。こうして、旧暦では重要な年の始まりである「節分」に豆をまくようになったとされています。

　豆まきが終わったら、1年の厄除けを願い、そのまいた豆を自分の年齢より1粒多く食べます。また、豆を食べると「健康（まめ）になる」という意味もあるようです。

どうして「鬼は外、福は内」って言うの？

　鬼は、得体の知れない邪気のことを意味し、災害や病気などの悪いことは全部鬼の仕業と考えられていました。そのため邪気である鬼をはらい、福を呼び込むことから、「鬼は外、福は内」と言いながら豆まきをするようになりました。

　節分は日本に受け継がれた年中行事の一つ。しきたりにこだわらず、みんなで仲良く豆まきを楽しむのもいいですね。

ひな祭り

　古代中国では、3月3日の節句は忌み日とされ、災難を避けるために川で手を洗い、身を清めると悪いことが全部消えると考えられていました。これが日本に伝わると、自分の代わりになってくれる人形を川に流し、悪いことをもっていってもらうようにお祈りするようになりました。そのうち人形を川に流すのではなく、人形を飾って女の子の健やかな成長を願う行事になっていきました。ちょうど3月は、邪気をはらう力があると信じられていたモモの花が咲く季節であったことから、「桃の節句」とも言われるようになり、ひな祭りのお供え物や食べ物には、いろいろな意味や思いが込められています。

白酒・甘酒
　もともとは、邪気をはらうとされるモモの花びらを漬けた「桃花酒（とうかしゅ）」が始まりです。現在では、蒸したもち米や米麹にみりんや焼酎を混ぜて作る「白酒」が定着しています。

ひし餅
　ひし餅は、下から緑・白・赤ですが、これは「雪の下には新芽が芽吹き、モモの花が咲く」ことを表します。災厄を除き、親が娘の健康を願う気持ちが込められています。

ひなあられ
　行事の終わりにひし餅を砕いたのが始まりと言われ、健やかに幸せに過ごせるようにという願いが込められています。

ハマグリのお吸い物
　ハマグリは二枚貝。ぴたりときれいに合わさることから、仲の良い夫婦を表し、女の子の良縁を願う縁起のよい食べ物と考えられています。

　このように、ひな祭りの代表的な食べ物には子どもの成長と健康を願う思いと、それぞれ縁起のよい意味が込められています。心からお祝いしてあげたいですね。

園紹介

本書に執筆・協力いただいた9つの園について、それぞれの園の特徴や保育方針、活動などを紹介をします。

※園児数は執筆当時のものです。

あそびの中の学びを大切に

東一の江幼稚園（東京都・江戸川区）　園児数：約245名

　東京都江戸川区、住宅街の幼稚園。創設54年目を迎える。住宅地だからこそ、ユスラウメ、ビワ、プラム、ミカンなど四季に応じて実のなる木を植えるなどの自然環境を園内に用意する。また、幼稚園近隣のお店や学校など子どもの興味に応じてその資源を活用することも大切にしている。

　平成28年度より現園長に代わり、今まで積み重ねてきた園の保育の充実を図る。クラス編成は3歳児〜5歳児まで1学年3クラスの同一学年クラス。

　東一の江幼稚園ではあそびの中の学びを大切にし、その学びが深まるように「あそびのじかん」と「みんなのじかん」を設定し、その相乗効果からあそびの充実を目指す。

　「あそびのじかん」では自発的に子どもたちが遊び、一方「みんなのじかん」では「あそびのじかん」で発見したことや分からなかったことなどをクラスなどの前で発表したり、みんなで考えたり、また、数人で遊んでいたものがもっと人数が増えたら、あそびが深まるのではと「みんなのじかん」でそのあそびを体験し、「あそびのじかん」に自発的に遊べるようにしたりもする。

　保護者への発信も大切にし、週に1度の園長による週の便りやアプリを利用した副園長の保育ドキュメンテーション、一人ひとりの子どもたちの育ちの記録となるラーニングストーリー「育ちのノート」、実際に保護者が保育に参加する「保育参加」など、できる範囲で多様な支援を心掛け、保護者への発信をしている。

　そのため保育者が遊びのヒントをくれたり、必要なものを持ってきたりするなど、保護者も遊びを一緒に楽しむようになってきている。

　このように地域、保護者、園のそれぞれの資源を活かし、三位一体となって保育を進め、子どもたちの健やかな成長を保証する環境作りを目指している。

　また、平成29年度より同敷地内に小規模保育事業「東一の江保育園こすもす」を設立し、0歳児〜小学校就学前までの子どもたちが集まる施設となり、日々の保育実践を行っている。

園紹介

子どもたちが自分で考えられる環境に

白梅学園大学附属白梅幼稚園（東京都・小平市）　園児数：約169名

　子どもたちが自分たちで考え、生活やあそびを進めていくことを設立当初から大事にしている。一人ひとりがあそびの中で、物や仲間と出会い、やりたいことが実現できるように日々保育を積み重ねている。

　子どもの興味・関心から始まったあそびに保育者が丁寧に関わっていくことで、あそびが深まり、あそびの充実が更に高まっていく。

　近年では、保育の質をもっと高めるため、活動や行事を見直し、子どもの興味・関心から発展していくあそびを模索している。

子どもたちのつぶやきを感じ取れる環境を

認定こども園　さくら（栃木県・栃木市）　園児数：約290名

　「アイディアを形にする力を子どもたちに」を保育のテーマに「子どもたちの夢や願いを叶える保育」をと平成22年度より、子ども主体の保育を展開しはじめる。0・1・2歳の6月くらいまでは「育児担当制」を展開し、子どもたちの心の安心・安定を育み、「子どもたちのココロの揺れ動きを醸造」し、3歳以上になると朝とおやつ時に子どもたちとの対話の時間を作っている。昨日の続きができる楽しみと葛藤と、今日活動をしてきたうれしさや戸惑いなどを共有しながら、子どもたちと保育をデザインしている。

　そのために、保育者にも主体的な活動ができるように園内組織を改編し、園長の考えている保育を実践するのではなく、保育者と合議体として保育を展開することに転換。会議と名の付くモノは極端に減らし（年に1、2回程度）、保育でICTを活用するならば、職員間のコミュニケーションテクノロジーから始めようと、まず職員間のSNSを構築。さらに保育日誌・出席簿などの紙ベースの物を減らし、普段の「あたりまえ」を見直すことを継続中。

　その中でも、保育者の研修体系には特に注力し、園内研修では職員間の上下関係を超えることは難しいので、園外の研修体系を構築するために一般社団法人Learning Journeyを設立。ベクトルが同じ園長・企業の方々と「先生方のココロのゆとり」をもち、「子どもたちのつぶやきを感じ取れる感覚」を楽しみながら学べる環境づくりを実践中。これら園外での刺激と園内での保育が融合して「自園のワクワクした保育を展開できる文化」になっていくことを楽しみにしている。

子どもの声に耳を傾けることを第一に

野のゆり保育園（東京都・目黒区）　園児数：約46名

　少人数ならではの家庭的な雰囲気、安心感を大切に保育をしている。平屋建ての園舎は、各部屋がつながっており、クラスにとらわれず、好きな場所で過ごすことができる。自然と異年齢の関りが多くなり、きょうだいのような関係が子ども同士に築かれている。小さいながらも園庭があり、泥んこの築山や大型の木製遊具などで、日々、体を十分に動かして遊んでいる。

　子どもたちの声に耳を傾けることを第一に考えた保育を心掛け、保育者一人ひとりが、子どもの気持ちを受け止められるようにしている。子どもたちには思いやる心や、創造力を育んでほしいと考えている。

思いやりの心と自尊心を育む保育を

双葉の園保育園（東京都・目黒区）　園児数：約165名

　戦後間もない1948年から開園した歴史がある保育園。渋谷から1駅の立地だが、木に囲まれた自然を感じられる環境にある。都内屈指の広い園庭は、0・1歳児専用の園庭と広い園庭の2か所に分かれ、大型の木製遊具や、ブランコなどの固定遊具、泥んこの築山、自由に動かせるタイヤや木材などがふんだんにあり、子どもたちが思いきり遊べる環境にある。

　「創造力と自立心、人には優しい心　自分には強い心」という保育目標をあげ、乳児期からしっかりと気持ちを受け止められることを実感できる保育を心掛けている。幼児期は、一人ひとりがやりたいことを見つけ、主体的に取り組み、周りの保育者や子どもたちと互いに認め合いながら、思いやりの心や自尊心を育んでほしいと考えている。

保護者との協力で子どもと環境を支える

宮前幼稚園（神奈川県・川崎市）　園児数：約380名

「わくわく生き活きと輝き、創造的にあそべる子ども」を教育目標とし、子どもたちの主体的なあそびを大切にしている。

豊かなあそびを支える環境として、園庭を水・風・光・土・森のゾーンに分けてデザインし、築山・ターザンロープ・小川・水車・ビオトープ・ザリガニ池・田んぼ・竹林といった子どもたちが五感を働かせて関わることができる自然環境を有している。

子どもたちのための環境づくりに保護者も積極的に活動している。父親によるおやじの会では、落ち葉のプールやタラヨウの葉にお絵かきするなど自然あそびをテーマにしたイベントを企画・運営している。母親によるサークル活動では、季節ごとに園庭の花の植え替えを行ない、子どもたちが春夏秋冬の季節感を感じられるように整備したり、

子どもと一緒にもち米づくりを行ったりしている。園と保護者が協働し豊かな自然環境を支え、子どもたちの多様な経験へとつなげられることを大切にしている。

子どもの夢をかなえる保育の実現を

RISSHO KID'S きらり（神奈川県・相模原市）　園児数：約91名

RISSHO KID'Sきらりは、「一人の夢がみんなの夢になる　一人の幸せがみんなの幸せになる」という保育理念のもと、「夢をかなえる保育」に取り組んでいる保育園。そこには「子どもと保育者が自らの夢を大切にし、その実現を通して生きる魅力やおもしろさをとことん味わってほしい」という園長の強い願いがある。

園庭がないテナント型の園ではあるが、だからこそ「園庭のある園以上に魅力的な保育を実現しよう！」と、豊かな室内環境のデザインや地域資源の積極的な活用を通して、「思わず子どもも大人もやってみたくなるような保育」の創造を全力で楽しんでいる。

その上で一人ひとりの子どもの気持ちをくみ取るのに大切な一つが、日々のさりげない子どもの「つぶやき」。つぶやきには、「○○をやりたい」といった素直な気持ちがつまっており、聞き逃さないように心掛けている。子どもが生きる上でのパートナーである保育者と喜びを共有しながら、子ども一人ひとりが自分らしくなれることを実感できる園生活を大切にしている。

園紹介

学びが深まるあそびの継続を大切に
四季の森幼稚園（神奈川県・横浜市）　　園児数：約155名

　自然豊かな園庭、子どもが冒険したくなるような戸外の環境を大切にした上で、あそびの中で学びが深まる保育を丁寧に考えている園。特に、あそびの継続や学びの深まりのために、子どもの主体性と自由感を大切にして、一人ひとりの興味・関心が日々の保育の中で実現できる保育を目指している。3歳児は自分の好きなあそびが十分に満足できることを大切にし、4歳児は仲間と生活する喜びが日々実感できるように意識し、5歳児は、協働性の芽生えと共に、話し合いによる対話や自己実現に必要な教材や教具を工夫して活用できるようにすることを意識し、学びが深まるようなあそびの継続性を大切にしている。

　また、地域の小学校とのつながりを重視しながら幼小の接続期を意識した連携を強く意識している。園児の中には障害のある子どもも多く存在し、多様な子どもを受け入れることでインクルーシブな保育を意識して、障害のある子どもの育ちと、周囲の子どもとの共生社会を大切にした上で、日々の保育に取り組んでいる。そこで育つ子どもの多くは多様性を受け入れることが可能な人として成長し、逞しく社会を切り開いていく人としての育ちを大切にながら保育を展開している。

遊んで学ぶ、大切なこと全部
かみいしづこどもの森（岐阜県・大垣市）　　園児数：約40名

　かみいしづこどもの森は、岐阜県の片田舎、里山の町にあり、0・1・2歳児は年齢別（厳密には発達状況別）、3歳児以上は異年齢クラスで過ごしている。

　「遊んで学ぶ。大切なこと全部。」というテーマのもと、環境によって育てる・育つことを中心に据え、屋内であれば豊富なおもちゃ類、絵本、ゲーム等を活用した自由なあそび、時に子どもたちと相談しながら進める環境認識あそびなどバリエーションはいろいろ。一方で、屋外に出れば豊かな里山の自然を生かし、日常的なお散歩や園から徒歩40分くらいのところにある野外保育環境まで出掛け、開放的かつ刺激的な時間を過ごしている。

　特に意識していることは活動内容のバランス。自然に恵まれた環境にあっては屋外あそびが中心になりがちだが、当園においてはそれもあくまで「数あるメニューのうちのひとつ」として捉えている。

　人生を支える根本が作られるのが幼児期である。したがって、何か特定の能力を伸ばしたり、特定の活動を通して様々な能力を獲得しようと欲張るよりも、様々な活動を通して能力全体の底上げを図ることが肝要。将来どんな大人になったとしても、自分を肯定し、前向きに生きることができる、そんな姿をイメージしながら、日々の保育に取り組んでいる。

【参考文献】

伝承あそび
『作ってあそべる 製作ずかん』(今野道裕／著 学研教育みらい)

手あそび
『手あそび百科』(植田光子／編著 ひかりのくに)

折り紙あそび
『保育のおりがみ まるごとBOOK』(津留見裕子／編著 ひかりのくに)
『はじめておりがみ』(津留見裕子／案・指導 学研教育みらい)

飼育・栽培プラン
『保育園・幼稚園での ちいさな生き物飼育手帖』(山下久美、鑄物太朗／著 かもがわ出版)
『毎日の保育で豊かな自然体験! 自然＊植物あそび一年中』(出原 大／執筆 学研教育みらい)

田澤里喜

玉川大学教育学部教育学科教授
学校法人　田澤学園　東一の江こども園　園長

　1996年、玉川大学卒業後、玉川学園幼稚部に担任として4年間勤務後、東一の江幼稚園に異動。また同年、大学院に進学し、在学中より、短大、専門学校の非常勤講師を経て、2005年より玉川大学教育学部講師（2013年より准教授）となる。また、2015年より東一の江幼稚園園長に就任する。
　著書に『遊びからはじまる学び』（大学図書出版）『幼稚園の教育経営』（一藝社）（ともに共著）、『表現の指導法』（玉川大学出版部）『あそびの中で子どもは育つ』（世界文化社）『保育の変革期を乗り切る園長の仕事術』（中央法規）（ともに編著）など。

【企画協力】鈴木みゆき

【執筆者一覧】

かみいしづこどもの森（園長・脇淵竜舟）岐阜県大垣市

四季の森幼稚園（園長・若月芳浩）神奈川県横浜市

白梅学園大学附属白梅幼稚園（教諭・西井宏之　大塚美帆　髙橋結花）東京都小平市

認定こども園 さくら（園長・堀 昌浩　保育教諭・太田夢乃・関口紗理奈・加藤結紀）栃木県栃木市

野のゆり保育園（副園長・佐藤 援）東京都目黒区

東一の江幼稚園（園長・田澤里喜　教諭・荒井絵理　石田貴行）東京都江戸川区

双葉の園保育園（副園長・佐藤 援）東京都目黒区

宮前幼稚園（副園長・亀ヶ谷元譲）神奈川県川崎市

RISSHO KID'S きらり（クリエイティブディレクター・三上祐里枝）神奈川県相模原市

【手あそび監修】植田光子

【折り紙監修】津留見裕子

STAFF

本文デザイン● 髙橋陽子　山縣敦子
イラスト● すみもとなななみ　常永美弥　仲田まりこ
　　　　　野田節美　ホリナルミ　Meriko
　　　　　やまおかゆか　石川元子　北村友紀
　　　　　坂本直子　たかぎ＊のぶこ　みさきゆい
折り方イラスト● 小早川真澄
楽譜浄書● 株式会社福田楽譜　山縣敦子
折り紙撮影● GOOD MORNING
編集協力● 髙橋陽子　リボングラス
校正● 株式会社文字工房燦光
企画・編集● 山田聖子　安部鷹彦　北山文雄

本書のコピー、スキャン、デジタル化等の無断複製は著作権法上での例外を除き禁じられています。
本書を代行業者等の第三者に依頼してスキャンやデジタル化することは、たとえ個人や家庭内の利用であっても著作権法上認められておりません。

年齢別保育資料シリーズ
3歳児のあそび

2019年2月　初版発行
2025年7月　第4版発行

編著者　田澤里喜

発行人　岡本 功

発行所　ひかりのくに株式会社

〒543-0001　大阪市天王寺区上本町3-2-14
TEL06-6768-1155　郵便振替00920-2-118855

〒175-0082　東京都板橋区高島平6-1-1
TEL03-3979-3112　郵便振替00150-0-30666

ホームページアドレス　https://www.hikarinokuni.co.jp

印刷所　TOPPANクロレ株式会社

©2019 HIKARINOKUNI　　Printed in Japan
乱丁・落丁はお取り替えいたします。　ISBN978-4-564-61563-4
JASRAC 出 1814569-504　　NDC376 240P 26×21cm